Startklar!

Wirtschaft 3
Zukunft von Arbeit und Beruf

Herausgegeben von
Dieter Mette

Erarbeitet von
Benjamin Apelojg
Ulf Holzendorf
Bernd Meier
Dieter Mette

Beratung:
Daniel Karbe

Oldenbourg

Mit „Startklar" Wirtschaft lernen

Liebe Schülerin, lieber Schüler,

jeder von euch hat sich vermutlich schon in irgendeiner Art und Weise mit der Zukunft von Arbeit und Beruf beschäftigt. Genau darum geht es in diesem Buch. Zunächst stehen Kenntnisse und Methoden zur Vorsorge und Lebensplanung im Mittelpunkt der Betrachtungen. In der Zukunftswerkstatt sind Kritik, Fantasie und Entscheidungen gefragt – schließlich geht es um deine Lebensvorstellungen. Auch die Berufswegplanung will gut durchdacht sein.

Du erstellst dein Persönlichkeitsprofil, testest deine Stärken und Schwächen durch Kompetenzchecks und steckst so deine eigenen Ziele ab. Die Auswirkungen des technologischen Wandels sowie der Arbeitsmarkt mit seinen „Höhen und Tiefen" beeinflussen auch deine Lebens- und Berufsentscheidungen. Welche Ursachen und Folgen die Arbeitslosigkeit hat, aber auch, was man dagegen selbst tun kann, erfährst du im letzten Kapitel des Buches.

Kapitelfarbe zur besseren Orientierung im Buch

eine **Doppelseite** – ein Thema

Arbeitsmaterialien zur selbstständigen Erschließung des Themas

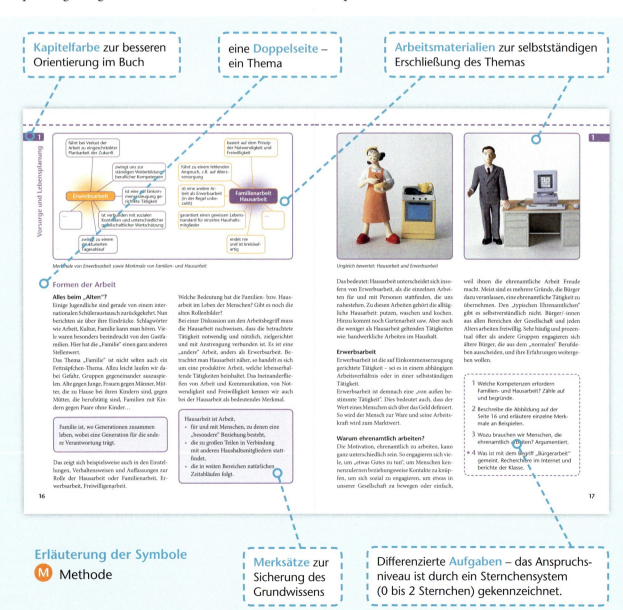

Erläuterung der Symbole

M Methode

Merksätze zur Sicherung des Grundwissens

Differenzierte **Aufgaben** – das Anspruchsniveau ist durch ein Sternchensystem (0 bis 2 Sternchen) gekennzeichnet.

Mit „Startklar" Wirtschaft lernen

Das kann ich! – Wissen anwenden

Mit dem Buch kannst du dir Wissen aneignen, das dir hilft, planvoll und verantwortungsbewusst Entscheidungen zur Zukunft deines Arbeits- und Berufslebens zu treffen. Jedes Kapitel besteht aus informativen Seiten und aus Kompetenzseiten. Mithilfe der Aufgaben wirst du lernen, verschiedene Perspektiven einzunehmen, damit du dich im Alltag besser zurechtfindest. Die Kompetenzseiten weisen auf besonders wichtige Inhalte hin, vertiefen aber auch verschiedene Fragen und Problemstellungen. Außerdem findest du manche Zusatzinformationen sowie eine Liste wichtiger Begriffe, die du unbedingt kennen musst. Wenn du die Aufgaben lösen kannst, hast du grundlegende Kompetenzen erworben.

Damit erhältst du eine Anleitung für eigenständige Entscheidungen, wie du sie am Ende deiner Schulzeit treffen können musst. Na dann, „Startklar" für die Zukunft!

Eine Liste wichtiger **Fachbegriffe** des Kapitels, die wiederholt und angewendet werden.

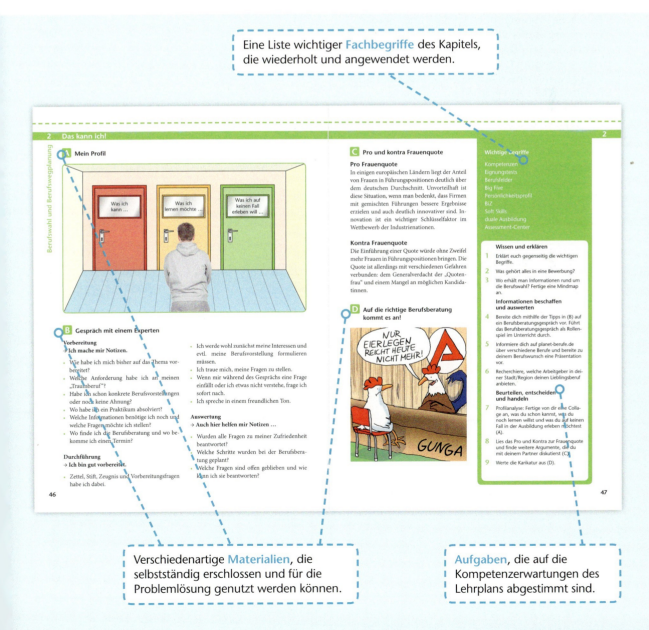

Verschiedenartige **Materialien**, die selbstständig erschlossen und für die Problemlösung genutzt werden können.

Aufgaben, die auf die Kompetenzerwartungen des Lehrplans abgestimmt sind.

Inhalt

1 Vorsorge und Lebensplanung — 5

- Warum eine gute Lebensplanung sinnvoll ist? — 6
- Zukunftswerkstatt Lebensgestaltung — 8
- Soziale Sicherung — 12
- Formen der Arbeit — 16
- Das kann ich! — 18
- Wir führen eine Pro-und-Kontra-Diskussion — 20

2 Berufswahl und Berufswegplanung — 21

- Was kann ich, was will ich? — 22
- Selbst- und Fremderkundung — 24
- Viele Informationsmöglichkeiten – schulische und außerschulische Partner — 26
- Berufliche Anforderungen – heute und morgen — 28
- Einen Weg im Berufe- und Ausbildungslabyrinth finden — 30
- Vielfalt der Berufsfelder — 32
- Tests – eine gute Grundlage für die Berufswahl — 34
- Interview mit einem Ausbilder für Industriekletterer — 36
- Berufswahlfahrplan erarbeiten — 38
- Lebenslauf und Bewerbung — 40
- Der eigene Weg: Bewerbungen schreiben — 42
- Auswahlverfahren — 44
- Das kann ich! — 46
- Stationenarbeit: „Mein Weg in den Beruf!" — 48

3 Zukunft von Arbeit — 49

- Chancen und Risiken in einer sich wandelnden Arbeitswelt — 50
- Strukturwandel und neue Trends aus gesamtwirtschaftlicher Sicht — 52
- Strukturwandel und neue Trends in Fallbeispielen — 54
- Veränderungen in ausgewählten Berufsfeldern – Beispiele — 56
- Veränderungen der beruflichen Arbeitszeiten — 58
- Das kann ich! — 60
- Die Szenario-Methode: Ein Blick in die Zukunft — 62

4 Arbeitsmarkt und Beschäftigung — 63

- Der Arbeitsmarkt — 64
- Staatliche Beschäftigungspolitik — 68
- Arbeitslosigkeit hat viele Gesichter — 70
- Ich will nicht arbeitslos werden… — 72
- Das kann ich! — 74
- Analyse einer Statistik — 76

- Glossar — 77
- Stichwortverzeichnis — 79
- Bildquellen — 80
- Impressum — 80

Vorsorge und Lebensplanung 1

Wenn du liebst, was du tust, wirst du nie wieder in deinem Leben arbeiten.

Konfuzius (vermutlich 551 – 479 v. Chr.)

Vorsorge und Lebensplanung

Fragen zu deiner Lebensgestaltung

Warum eine gute Lebensplanung sinnvoll ist?

Gehört hat man davon schon oft – Lebensplanung. „Das Leben ist doch nicht planbar – es kommt erstens anders und zweitens als man denkt", so die ersten Reaktionen der Klasse 9 a zu diesem Thema. Einen solchen Satz kennen wir wohl alle. Oft ist dies die Ausrede Nummer 1, wenn es darum geht, nichts in oder aus seinem Leben zu machen. Die Planung ist ja nur das halbe Leben und wir planen doch auch so schon genug. Wir planen den Arbeitstag, der Urlaub wird durchgeplant, Ausgaben und Anschaffungen genauso, und nun soll es auch noch eine Lebensplanung geben?! Für was denn nur?

Im Ergebnis einer Diskussion war die Mehrheit der Klasse dann doch nachdenklich geworden.

Fragen zu deiner Lebensgestaltung

Oft ist es ja so, wenn wir selbst keinen Plan haben, wenn wir selbst nicht wissen, was wir von unserem Leben wollen, dann leben wir das Leben eines Anderen: Eltern, Freunde, Familie, ein neuer Superstar und so weiter. Wenn wir nicht wissen, wohin wir wollen, werden wir sehr viel eher Dinge tun, die Andere weiterbringen, nur eben uns selbst nicht.

Aber ich kann doch nicht alles planen!

Ein Leben hat immer Ecken und Kanten und es passiert immer wieder etwas, was wir nicht erwartet haben. Und, ja, jeden Tag zu planen, ist nicht sinnvoll. Eine gute, zweckmäßige Lebensplanung ist flexibel, so wie ich auch nach Rom verschiedene Wege nehmen kann. Die Ziele sind zwar definiert, der Weg dorthin ist aber offen und kann gegangen werden, wie ich will. Eine Idee und Vorstellung davon zu haben, wohin ich will, was ich erreichen möchte, setzt viel Energie und Kraft frei, die sonst einfach verpufft oder für Unnötiges verbraucht wird.

> Die Lebensplanung ist eine Orientierungshilfe für meine zukünftige Lebensgestaltung.

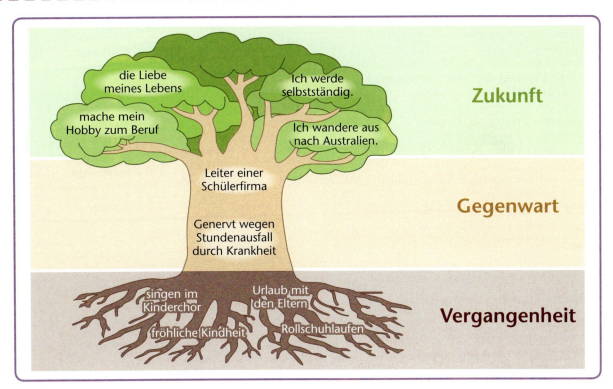

Mein Lebensbaum

Das Schöne an einer Lebensplanung ist auch: Sie hilft, schwierige Zeiten und Situationen durchzustehen. Man weiß, warum man etwas macht! Das kann in der Berufsausbildung, bei der Arbeit oder auch bei der Kindererziehung ungemein hilfreich sein. Wenn ich eine Vision habe, kann ich meinen Weg immer wieder überprüfen. Ich kann schauen, ob er mir noch gefällt oder ob ich einen neuen Weg gehen möchte.

Pläne sind flexibel!

Der Plan gibt mir eine Richtung vor, die Strecke kann ich aber immer wieder ändern und anpassen. Durch einen Plan vergesse ich jedoch nicht, wohin es gehen soll. So verliere ich mich selbst nicht im Alltag und auch für den letzten Zweifler: Ein Blick in unsere Unternehmen und die gesamte Wirtschaft kann hier nicht schaden. Jeder Betrieb, jedes Land plant seinen Haushalt oder sein „Wirtschaftsleben". Nur so können wir Wohlstand und Wirtschaftswachstum erreichen und Prognosen für die Zukunft erarbeiten. Eine gute Lebensplanung hilft also, „auf Kurs" zu bleiben.

1 Entwickle deine Vorstellung von deinem zukünftigen Leben.
   a) Schreibe dazu deine Vorstellungen auf, hebe diese Ausarbeitung gut auf und lies dir von Zeit zu Zeit noch einmal alles durch.
   b) Füge zu einem späteren Zeitpunkt neue Ideen hinzu oder streiche andere, weil sie dir nicht mehr wichtig vorkommen.

2 Hast du Vorbilder und wenn ja, warum? Begründe deine Aussage.

3 Zeichne deinen Lebensbaum. Nutze dazu die Abbildung. Füge weitere Äste hinzu und hänge den Lebensbaum in dein Zimmer.

★ 4 Wie möchtest du, dass man über dich spricht, wenn du nicht dabei bist? Warum ist das für dich wichtig oder ist es das nicht? Begründe deinen Standpunkt.

1. Die Zukunftswerkstatt soll ein Ergebnis haben.
2. Es gilt das Prinzip der Freiwilligkeit.
3. Diese Spielregeln müssen befolgt werden:
   - dem Ablauf der Phasen folgen
   - den Themenbezug einhalten
   - die Gesprächsregeln beachten
   - die Zeit im Auge haben
   - alles sichtbar darstellen (visualisieren)
4. Einhaltung von Gesprächsregeln
   - zunächst alles aufschreiben und „schriftlich diskutieren"
   - Kommentare und Diskussionen zurückstellen
   - danach Rückfragen und Diskussion möglich
   - 45 Sekunden Redezeit

Allgemeine Regeln der Zukunftswerkstatt

Unsere Regeln
- Was „auf der Seele brennt", muss raus.
- keine zeitraubende Diskussion mit allen – Diskussionsbedarf durch Kleingruppen abdecken
- Kritik nur auf Sachverhalte und Zustände, nicht auf Personen richten

Allgemeine Regeln der Kritikphase

- Wie sehe und erlebe ich die Lebensgestaltung von anderen?
- Was stört/irritiert mich daran?
- Was gefällt mir?
- Was möchte ich später einmal ganz anders machen?

Fragen zur Kritikphase

Phase 1: Kritik

Zukunftswerkstatt Lebensgestaltung

Auf die Jahre, die hinter euch liegen, könnt ihr keinen Einfluss mehr nehmen. Eure zukünftigen Lebensjahre könnt ihr jedoch mitbestimmen.
Wie soll euer Leben in sieben Monaten, in fünf Jahren oder in zwanzig Jahren aussehen? Sicherlich habt ihr Träume und Wünsche, aber welche Ziele habt ihr? Wie versucht ihr, diese Ziele zu erreichen? Wie könnt ihr Ziele für eure Zukunft feststellen? Wie könnt ihr eine zeitliche Planung überlegen und danach die Schritte zu euren Zielen gehen? Eine Möglichkeit, den „Reiseplan" für eure künftige Lebensgestaltung festzulegen, besteht in der Zukunftswerkstatt.
Denke daran: Reisepläne können unterwegs auch verändert werden, aber erst einmal müssen sie vorhanden sein, damit eine zielgerichtete Reise beginnen kann. Begebt euch in die Zukunftswerkstatt, um an euren Ideen der künftigen Lebensgestaltung zu arbeiten.

Die Zukunftswerkstatt hat drei Phasen:
- Bestandsaufnahme und Kritik
  → Wie ist die Gegenwart?
- Fantasie und Utopie
  → Welche Wünsche habe ich?
- Verwirklichung und Umsetzung
  → Wie erreiche ich meine Ziele?

In der ersten Phase seht ihr euch kritisch um: Ihr kommt täglich mit Erwachsenen zusammen, die in Beruf und Familie leben. Dort seht ihr Angenehmes und Unangenehmes. Ihr nehmt euch vor, manches später ganz anders zu machen. Oder ihr plant, Beispiele bestimmter Erwachsener nachzuahmen, weil es euch gefällt, wie sie ihr Leben in Beruf und Familie gestalten.
Als Erstes tauscht ihr euch im Sitzkreis über gelungene Beispiele der Lebensgestaltung von Er-

Bestandsaufnahme

Berufsunzufriedenheit
- zu wenig Geld
- Einkommen reicht nicht aus
- Erwerbsarbeit zu hart
- keinen Spaß an der Arbeit
- Stress mit dem Chef
- Schwierigkeiten mit Kollegen
- …

Uneinigkeit, Partnerschaftsprobleme
- Streit
- Geschwister nerven
- Eltern streiten sich
- Mutter ist gereizt
- Vater ist erschöpft
- Eltern reden nicht miteinander
- …

Zeitprobleme zu wenig Zeit
- Vater hat nicht genug Zeit für mich
- Mutter hat zu wenig Zeit für die Familie
- zu viel Stress und zu wenig Zeit
- …

Arbeitslosigkeit
- zu viele Arbeitslose
- Jugendarbeitslosigkeit sinkt, ist trotzdem immer noch zu hoch
- Firma pleite – Entlassungen
- Mutter hat Angst vor Entlassung
- …

Rollenverteilung
- keine gute Arbeitsteilung
- Mutter beteiligt sich kaum an der Hausarbeit
- Vater muss alles machen
- ungleiche Verteilung der Aufgaben unter den Geschwistern
- …

Kritikphase: Bestandsaufnahme der Problemfelder

wachsenen aus. Bestimmt hat jeder von euch dazu ein Beispiel wie: „Meine Eltern, meine Geschwister und ich teilen die Hausarbeit so ein, dass wir am Sonntag genug Zeit für eine gemeinsame Unternehmung haben." Oder: „Meine Mutter hat eine besser bezahlte Arbeit als mein Vater, deswegen ist meine Mutter ganztägig berufstätig und mein Vater hat eine Teilzeitstelle am Vormittag. Er kocht täglich für uns und nimmt sich auch Zeit für uns, wenn wir ihn brauchen."

Anschließend seht ihr euch die Dinge an, die euch nicht so gut gefallen. Ihr seid wahrscheinlich noch nicht selbst davon betroffen, aber ihr erlebt Erwachsene, die von ihrem Beruf so gefordert werden, dass sie keine Zeit oder keine Lust mehr für ein Hobby oder für die Familie haben. Oder ihr erlebt Familien, in denen es so viel Ärger gibt, dass für die Arbeit nicht genug Kraft und Konzentration bleibt.

Alle Schüler/-innen erhalten zwei oder drei Karten, auf die sie Antworten notieren, die ihnen zu den Kritikfragen einfallen. Die beschriebenen Karten werden im Sitzkreis abgelegt, dann nach Problemgruppen sortiert und an einer Pinnwand oder an der Tafel befestigt. Vielleicht könnt ihr für die entstandenen Problemgruppen Überschriften finden. Dann geht es an die Bewertung. Dafür erhält jeder gleich viele farbige Klebepunkte oder ihr malt Bewertungspunkte auf. Damit markiert ihr die Problemfelder, die euch am wichtigsten erscheinen. Die Bewertung kann auch geheim durchgeführt werden. Weitergearbeitet wird danach nur mit den drei oder vier Schwerpunkten, die von euch die meisten Punkte bekommen haben. Bei der Bewertung und beim Beantworten der Problemfragen sollt ihr jeweils allein arbeiten. Wenn ihr etwas plant oder wenn ihr Erwachsene dabei beobachtet, wie sie Entscheidungen treffen, hört ihr vermutlich Bemerkungen wie:

„Das ist ja viel zu teuer!"
„Das ist nicht vernünftig!"
„Was sollen denn die Nachbarn denken?"
„Das ist überhaupt nicht logisch!"
„Das geht uns gar nichts an!"
„Das habe ich noch nie so gemacht!"
„Kannst du das beweisen?"

Das sind so genannte „Killerphrasen", sie engen die Fantasie ein. In der Zukunftswerkstatt sind sie verboten und vor allem in der Fantasiephase, die nun beginnt.

Hier könnt ihr euren kühnsten Träumen freien Lauf lassen. Je mehr Ergebnisse ihr habt und je ausgefallener diese sind, desto besser wird die Fantasiephase sein.

Vorsorge und Lebensplanung

Fantasiephase: kreative Arbeitsmöglichkeiten

- Jede/jeder hat Fantasie
- den Ideen freien Lauf lassen, das bisher Undenkbare denken
- Mut zur Ungewöhnlichkeit
- klare Trennung zwischen Ideenentwicklung und -bewertung

Phase 2: Fantasie

Regeln für die Fantasiephase

Teilt euch in Gruppen von fünf bis sieben Schülerinnen/Schülern ein. Jede Gruppe wählt dann aus der obigen Abbildung eine Arbeitsmöglichkeit aus. Hinzu kommt einer der vorher bewerteten Problemschwerpunkte. Nun erarbeitet ihr, wie euer Leben aussehen würde, wenn es diesen Problemschwerpunkt nicht gäbe. Bedenkt dabei, dass ihr alles Geld, alle Zeit, die ihr braucht, und alle technische Möglichkeiten, die ihr euch wünscht, zur Verfügung habt. Es gibt nichts, was euch einengt – weder Eltern, noch Freunde, auch keine Zeugnisnoten oder Sonstiges. Alles, was ihr wollt, ist möglich!

Hier sind einige Themenbeispiele, zu denen ihr fantasievolle und utopische Entwürfe zur Lebensgestaltung entwickeln könnt:

- Mein Leben in 20 Jahren
- Mein Traumberuf
- Meine zukünftige Familie
- Mein Leben als Selbstständige/-r
- Meine gelungene Partnerschaft
- Wie ich Beruf und Familie „unter einen Hut bringe"

Zu Beginn der Fantasiephase werft ihr euch in einem Sitzkreis einen Ball zu. Derjenige, der den Ball gerade in der Hand hat, setzt spontan den Satz fort: „Ich wünsche mir…"

Es ist wichtig, dass ihr euch für die Arbeit an eurem Zukunftsentwurf genug Zeit nehmt. Am Ende dieser Phase stellt jede Gruppe ihre Ergebnisse der Klasse vor. Rückfragen sind erlaubt. Eure Ergebnisse werden dann entweder im Klassenraum aufgehängt und erklärt oder entsprechend einer der dargestellten Möglichkeiten vorgeführt. So erfahren alle in der Klasse, was euch gefallen würde, wenn ihr ideale Bedingungen hättet.

In der dritten Phase, der Verwirklichung, werden eure Wünsche zu Plänen für die Zukunft ausge-

Phase 3: Verwirklichung

wie wichtig?		wie dringend?				
		ab sofort	bis Ende der Schulzeit	nach der Schulzeit	nach der Berufsausbildung	nach dem beruflichen Aufstieg
sehr wichtig		• schulische Leistungen • mehr Sport treiben • Beruf auswählen	• Englisch: Note 3 erreichen • erfolgreich bewerben • Abschluss mit „gut" bestehen	• gute Gesellenprüfung • Englischlehrgang besuchen	• Führerschein erwerben • einen Partner suchen/finden • Arbeitsplatz mit Aufstiegsmöglichkeiten	• Heirat • Kinder
auch wichtig		• Hobbys wieder pflegen • gute Freundinnen und Freunde haben	• Schlüsselqualifikationen erwerben	• Geld sparen für Führerschein • Geld sparen für Auto	• etwas Neues erfinden • Geld gut anlegen	• Haus bauen oder Wohnung kaufen • Weltreise • für den Gemeinderat kandidieren
nicht wichtig		• feste Partnerschaft	• Zimmer neu einrichten	• eigene Wohnung	• Computerarbeitsplatz zu Hause haben	• Garten anlegen • Buch schreiben

Verwirklichung: Ideen überprüfen

arbeitet. Nun wisst ihr, was euch gefallen würde und sollt versuchen, die gewonnenen Ideen zu nutzen. Die Ideen aus der Fantasiewelt werden jetzt genau geprüft. Nun kann, wie in der Abbildung oben, ein Plan aufgestellt werden. Zunächst hört sich das sehr einfach an. Aber es ist zu beachten, dass es in jedem Plan – und sei er noch so gut – Störungen geben kann. Die Stellen, an denen Entscheidungen gefällt werden und bei denen leicht etwas falsch gemacht werden kann, werden „Knackpunkte" genannt. Knackpunkte können weitreichende Folgen in der Lebensplanung haben, erfahrungsgemäß können diese sein:

- eine falsche Berufswahl
- Probleme in der Partnerschaft
- die Entscheidung über beruflichen Aufstieg oder Familienplanung.

Ihr könnt euch auch in eurem Bekannten- oder Verwandtenkreis informieren, es wird genug Beispiele geben. Eine Lebensweisheit ist, dass nicht jeder jeden Fehler selbst machen muss. Man kann auch aus den Fehlern anderer lernen. Trotzdem kann spontanes und wenig überlegtes Handeln vorkommen, wenn sich beispielsweise jemand Hals über Kopf verliebt.

Jetzt in der 9. und 10. Klasse trefft ihr Entscheidungen für eure persönliche Zukunft: Wenn ihr euch über Berufe informiert, wenn ihr aktiv seid, Sport treibt oder ein Instrument spielt. Dabei steht immer eine Frage an erster Stelle: Was ist für meine Zukunft wichtig und richtig?

1 Erstelle einen „Reiseplan" für deine Zukunft. Wähle die Vorhaben für dich aus und plane sie für bestimmte Lebensjahre ein. Deine Zukunft beginnt sofort und damit beginnt auch die Umsetzung deiner Lebensplanung.

2 Die Ergebnisse eurer Zukunftswerkstatt dienen als Grundlage für eure persönliche Lebensplanung. Führt sie bis zum Ende eurer Schulzeit fort.

Einführung der Sozialversicherung durch Otto von Bismarck im 19. Jahrhundert

Soziale Sicherung

Die Entstehung der Sozialversicherung

Themen wie Krankheit, Arbeitslosigkeit, Unfälle, Rente, Pflege bestimmen unser Leben, ebenso wie das Leben unserer Familie oder das von Freunden oder Bekannten. Krankheiten und Unfälle treten manchmal ein. Wovon bestreite ich meinen Lebensunterhalt, wenn ich nicht mehr arbeiten kann, krank, pflegebedürftig oder alt bin?

Für uns ist in diesen Fällen der Begriff „Versicherung" selbstverständlich. Doch dies war nicht immer so. Noch vor knapp 150 Jahren, zu Beginn der Industrialisierung, arbeiteten die meisten Menschen ohne Absicherung unter schwierigen Bedingungen in Fabriken und Bergwerken. Ein Arbeitstag von zwölfstündiger Dauer und länger war die Regel. Urlaub gab es nicht. Bei Krankheit oder bei einem Unfall gab es kaum ärztliche Versorgung oder die Menschen konnten sie sich nicht leisten. Die Löhne waren so niedrig, dass sie für viele Großfamilien kaum zum Überleben reichten. Wer sich nicht selbst versorgen konnte, musste entweder betteln oder sich Hilfe bei den Kirchen suchen.

Als die Produktion in den Fabriken zunahm, erkannten viele Unternehmer, dass der Erfolg ihres Betriebes auch von der Gesundheit und Leistungsfähigkeit ihrer Arbeiter abhängt. Sie sahen ein, dass auch sie dazu einen Beitrag leisten mussten. So entstand die Idee der Sozialversicherung. Fürst Otto von Bismarck, Reichskanzler unter Wilhelm I., begann 1883, Gesetze zum Schutz der Arbeiter einzuführen. Er entwarf die Kranken-, Unfall-, Alters- und Invalidenversicherung. Ein Arbeiter erhielt nun freie ärztliche Behandlung, Krankengeld sowie Rente ab 70 Jahren und bei Berufsunfähigkeit.

Jeder Arbeitnehmer muss bis heute seinen Beitrag zu den Sozialversicherungen leisten. Einen weiteren Anteil zahlen die Arbeitgeber.

Den Versicherungsschutz gewährleistet also eine Solidargemeinschaft. Das bedeutet:
- Wer gesund ist, hilft anderen.
- Wer jung ist, hilft den Alten.
- Wer Arbeit hat, hilft den Arbeitslosen.

> Der Grundgedanke einer Versicherung ist: Die Gemeinschaft der Versicherten hilft dem Einzelnen, wenn er in Not gerät.

Die Sozialversicherung

Wenn ich krank werde, …	Wenn ich einen Unfall habe, …	Wenn ich alt bin, …	Wenn ich arbeitslos bin, …	Wenn ich Pflege brauche, …
… dann hilft die **gesetzliche Krankenversicherung**	… dann hilft die **gesetzliche Unfallversicherung**	… dann hilft die **gesetzliche Rentenversicherung**	… dann hilft die **gesetzliche Arbeitslosenversicherung**	… dann hilft die **gesetzliche Pflegeversicherung**
Leistungen: • Krankengeld • Arztbehandlung • Krankenhauspflege • Arzneimittelversorgung • Zuschüsse bei Kuren	Leistungen: • Rente an Verletzte oder Hinterbliebene • Kosten für Behandlungen • Reha-Maßnahmen • Kosten für Umschulung	Leistungen: • Altersrente • Hinterbliebenenrente • Rente wegen Berufs- oder Erwerbsunfähigkeit	Leistungen: • Arbeitslosengeld • Kurzarbeitergeld • Arbeitsvermittlung • Fort- und Weiterbildung • Kostenbeihilfe für Bewerbungen	Leistungen: • Sach- und Geldleistungen bei häuslicher Pflege • Bezahlung von Pflegekräften
seit 1883	seit 1884	seit 1889	seit 1927	seit 1995

Das deutsche Sozialversicherungssystem heute

Der Bürger zahlt

Die soziale Sicherheit in Deutschland kostet jährlich rund 750 Milliarden Euro. In diese Summe fließen die Renten und Pensionen, die Krankenversicherung und Arbeitslosenunterstützung, das Kindergeld, die Lohnfortzahlung im Krankheitsfall, die Unfallversicherung, Pflegeleistungen, die Sozialhilfe und vieles mehr ein. Drei große Geldgeber sorgen dafür, dass das soziale Netz nicht reißt: die privaten Haushalte, die Unternehmen und der Staat (Bund, Länder und Gemeinden). Bedenkt man allerdings, wie der Staat und die Unternehmen ihre Anteile finanzieren, so sind es letztlich die Bürger, die diese Summe aufbringen. Die privaten Haushalte zahlen einen bestimmten Anteil ihres monatlichen Einkommens in die Versicherungen ein. Sie zahlen außerdem die Steuern, mit denen der Staat seinen Beitrag zur Sozialversicherung leistet. Als Verbraucher kaufen sie Waren und Dienstleistungen. In die Preise aber sind die Sozialabgaben, die der Unternehmer an die Versicherungen entrichten muss, bereits einkalkuliert.

Unsere soziale Sicherheit funktioniert, weil alle für einen da sind und einer für alle da ist. Doch was muss jeder Einzelne wirklich leisten und welche Leistungen darf er erwarten? Dies ist bei den einzelnen Versicherungen unterschiedlich.

1 Welche Leistungen aus der Sozialversicherung hast du selbst oder hat deine Familie schon in Anspruch genommen? Notiere drei Beispiele.

2 Frage einen Erwachsenen, welche Versicherung für ihn besonders wichtig ist. Berichte in der Klasse.

3 Sammelt Informationen zu den einzelnen Versicherungsleistungen und gestaltet ein Plakat.

★ 4 Erkundige dich, wie viel Prozent seines monatlichen Einkommens ein Arbeitnehmer für die gesetzlichen Versicherungen aufwenden muss.

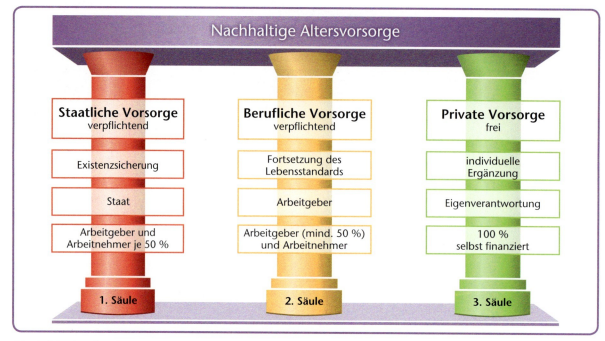

Die drei Säulen der Altersvorsorge

Vorsorge: An das Älterwerden denken

Jeder wünscht sich neben Gesundheit auch eine finanzielle Stabilität im Alter. Die gesetzliche Rente kann das nicht mehr bieten, denn den Einzahlern stehen immer mehr Rentenempfänger gegenüber. Schon wenn du heute Rentner werden würdest, könntest du mit der gesetzlichen Rente deinen Lebensstandard nicht beibehalten. Im Gegenzug wird die staatliche Förderung der privaten und betrieblichen Altersvorsorge weiter ausgebaut.

Das deutsche Modell der Altersvorsorge beruht auf drei Säulen:
- staatliche Vorsorge
- private Vorsorge
- betriebliche Vorsorge.

Staatliche Vorsorge
Die staatliche Rentenversicherung ist heute die größte Einkommensquelle der älteren Bevölkerung. Sie bildet einen Lohnersatz für Frauen und Männer, die erwerbstätig waren. Schon wenn man heute in Rente geht, hat man in der Regel ein deutlich geringeres Einkommen als während der Zeit, in der man arbeitstätig war.

Private Vorsorge
Aufgrund der sinkenden gesetzlichen Rente empfehlen Experten schon seit geraumer Zeit eine private Absicherung. Bei der privaten Altersvorsorge wird dir später deine Einzahlung zuzüglich Zinsen ausgezahlt. Hierbei kann es sich um eine garantiert lebenslange Rente oder einen Einmalbetrag handeln.

Betriebliche Vorsorge
Eine betriebliche Altersversorgung hält für Arbeitgeber und Arbeitnehmer Steuervorteile bereit. Grund ist, dass die Beiträge aus dem Bruttoeinkommen des Arbeitnehmers gezahlt werden. Das Unternehmen kann die betriebliche Altersversorgung mitfinanzieren. Jeder Arbeitnehmer hat das Recht auf eine betriebliche Altersversorgung. Auch die betriebliche Altersvorsorge bietet eine lebenslange Zusatzrente.

> Die Vorsorge besteht aus Maßnahmen, mit denen einer möglichen Entwicklung oder Lage vorgebeugt wird, durch die beispielsweise eine finanzielle Notlage vermieden werden soll.

Personenversicherungen
Beispielsweise:
- Unfallversicherung
- Berufsunfähigkeitsversicherung
- private Rentenversicherung
- Lebensversicherung

Sach- und Vermögensversicherungen
Beispielsweise:
- Haftpflichtversicherung
- Reiserücktrittversicherung
- Kfz-Versicherung
- Feuerversicherung

Welche Individualversicherungen gibt es?

Privatvorsorge heißt die Devise!

Private Rentenversicherung: Wer im Alter seinen Lebensstandard halten will, sollte eine private Zusatzrente aufbauen. Diese Vorsorge, zum Beispiel die „Riester-Rente", wird vom Staat gefördert.

Private Berufsunfähigkeitsversicherung: Am Anfang des Berufslebens sind die Ansprüche aus der gesetzlichen Rentenversicherung noch gering. Wer das Risiko einer Berufsunfähigkeit durch einen Unfall oder Krankheit zusätzlich absichern möchte, schließt eine Berufsunfähigkeitsversicherung ab.

Private Unfallversicherung: Bei Unfällen in der Freizeit, im Haushalt oder bei anderen Aktivitäten außerhalb der Arbeit zahlt die gesetzliche Unfallversicherung nicht. Wer sich vor diesem Risiko schützen will, kann eine private Unfallversicherung abschließen.

Lebensversicherung: Wer im Todesfall seine Familie finanziell absichern oder für die Zeit nach dem Arbeitsleben ein zusätzliches Vermögen aufbauen will, kann eine Lebensversicherung abschließen.

Private Zusatzversicherung für Krankheit und Pflege: Kranken- und Pflegeversicherung bieten nur eine Grundversorgung. Wer beispielsweise beim Zahnersatz oder bei Sehhilfen (Brille, Kontaktlinsen) bessere Leistungen möchte, muss sich privat zusätzlich versichern.

Private Vermögensbildung: Wer gut wirtschaftet, kann bereits in jungen Jahren, in Zeiten mit gutem Verdienst, für besondere Lebenssituationen Rücklagen schaffen und Vermögen bilden. Das Sicherheitsbedürfnis jedes Einzelnen ist unterschiedlich. Weil alle Versicherungsleistungen Beiträge erfordern, muss jeder genau überlegen, welchen Versicherungsschutz er will und braucht.

> Die gesetzliche Sozialversicherung bietet eine Grundversorgung. Junge Leute, die berufstätig werden, sollten zusätzlich privat für das Alter vorsorgen.

1 Erläutere die Säulen der nachhaltigen Altersvorsorge. Wer zahlt dabei wie viel ein?

2 Welche Vor- und Nachteile haben zusätzliche private Versicherungen? Erkundige dich bei einem Versicherungsexperten oder bei der Verbraucherzentrale.

★ 3 Befrage verschiedene Erwachsene, welche Veränderungen sie in unserem Sozialstaat noch erwarten. Diskutiert die Antworten in der Klasse.

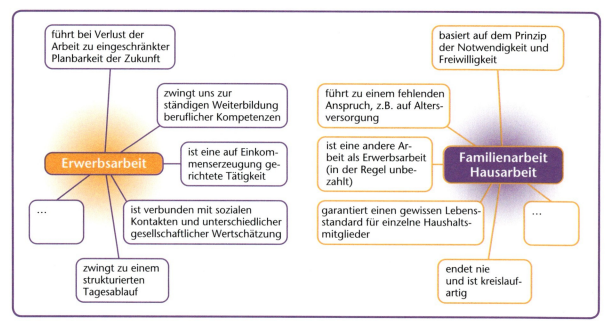

Merkmale von Erwerbsarbeit sowie Merkmale von Familien- und Hausarbeit

Formen der Arbeit

Alles beim „Alten"?

Einige Jugendliche sind gerade von einem internationalen Schüleraustausch zurückgekehrt. Nun berichten sie über ihre Eindrücke. Schlagwörter wie Arbeit, Kultur, Familie kann man hören. Viele waren besonders beeindruckt von den Gastfamilien. Hier hat die „Familie" einen ganz anderen Stellenwert.

Das Thema „Familie" ist nicht selten auch ein Fettnäpfchen-Thema. Allzu leicht laufen wir dabei Gefahr, Gruppen gegeneinander auszuspielen. Alte gegen Junge, Frauen gegen Männer, Mütter, die zu Hause bei ihren Kindern sind, gegen Mütter, die berufstätig sind, Familien mit Kindern gegen Paare ohne Kinder…

> Familie ist, wo Generationen zusammen leben, wobei eine Generation für die andere Verantwortung trägt.

Das zeigt sich beispielsweise auch in den Einstellungen, Verhaltensweisen und Auffassungen zur Rolle der Hausarbeit oder Familienarbeit, Erwerbsarbeit, Freiwilligenarbeit.

Welche Bedeutung hat die Familien- bzw. Hausarbeit im Leben der Menschen? Gibt es noch die alten Rollenbilder?

Bei einer Diskussion um den Arbeitsbegriff muss die Hausarbeit nachweisen, dass die betrachtete Tätigkeit notwendig und nützlich, zielgerichtet und mit Anstrengung verbunden ist. Es ist eine „andere" Arbeit, anders als Erwerbsarbeit. Betrachtet man Hausarbeit näher, so handelt es sich um eine produktive Arbeit, welche lebenserhaltende Tätigkeiten beinhaltet. Das Ineinanderfließen von Arbeit und Kommunikation, von Notwendigkeit und Freiwilligkeit kennen wir auch bei der Hausarbeit als bedeutendes Merkmal.

> Hausarbeit ist Arbeit,
> - für und mit Menschen, zu denen eine „besondere" Beziehung besteht,
> - die zu großen Teilen in Verbindung mit anderen Haushaltsmitgliedern stattfindet,
> - die in weiten Bereichen natürlichen Zeitabläufen folgt.

Ungleich bewertet: Hausarbeit und Erwerbsarbeit

Das bedeutet: Hausarbeit unterscheidet sich insofern von Erwerbsarbeit, als die einzelnen Arbeiten für und mit Personen stattfinden, die uns nahestehen. Zu diesen Arbeiten gehört die alltägliche Hausarbeit: putzen, waschen und kochen. Hinzu kommt noch Gartenarbeit usw. Aber auch die weniger als Hausarbeit geltenden Tätigkeiten wie: handwerkliche Arbeiten im Haushalt.

Erwerbsarbeit

Erwerbsarbeit ist die auf Einkommenserzeugung gerichtete Tätigkeit – sei es in einem abhängigen Arbeitsverhältnis oder in einer selbstständigen Tätigkeit.

Erwerbsarbeit ist demnach eine „von außen bestimmte Tätigkeit". Dies bedeutet auch, dass der Wert eines Menschen sich über das Geld definiert. So wird der Mensch zur Ware und seine Arbeitskraft wird zum Marktwert.

Warum ehrenamtlich arbeiten?

Die Motivation, ehrenamtlich zu arbeiten, kann ganz unterschiedlich sein. So engagieren sich viele, um „etwas Gutes zu tun", um Menschen kennenzulernen beziehungsweise Kontakte zu knüpfen, um sich sozial zu engagieren, um etwas in unserer Gesellschaft zu bewegen oder einfach, weil ihnen die ehrenamtliche Arbeit Freude macht. Meist sind es mehrere Gründe, die Bürger dazu veranlassen, eine ehrenamtliche Tätigkeit zu übernehmen. Den „typischen Ehrenamtlichen" gibt es selbstverständlich nicht. Bürger/-innen aus allen Bereichen der Gesellschaft und jeden Alters arbeiten freiwillig. Sehr häufig und prozentual öfter als andere Gruppen engagieren sich ältere Bürger, die aus dem „normalen" Berufsleben ausscheiden, und ihre Erfahrungen weitergeben wollen.

1 Welche Kompetenzen erfordern Familien- und Hausarbeit? Zähle auf und begründe.

2 Beschreibe die Abbildung auf der Seite 16 und erläutere einzelne Merkmale an Beispielen.

3 Wozu brauchen wir Menschen, die ehrenamtlich arbeiten? Argumentiert.

★ **4** Was ist mit dem Begriff „Bürgerarbeit" gemeint. Recherchiere im Internet und berichte der Klasse.

1 Das kann ich!

A Warum arbeite ich?

Hier siehst du einige Ziele, die man mit seiner Arbeit verfolgen kann.

Ich will arbeiten, um…

…anerkannt zu werden und anderen zu zeigen, was ich kann.

…überleben zu können, sodass ich meine Miete und meinen Lebensunterhalt bezahlen kann.

…einen bestimmten Lebensstandard zu haben, dann kann ich mir das kaufen, was mir wichtig ist.

…einen geregelten Tagesablauf zu haben, ohne den ich nicht klarkommen würde.

…etwas Sinnvolles zu tun, das nicht nur mir, sondern auch anderen etwas bringt.

…Sicherheit zu haben, sodass ich mich zumindest um die Befriedigung meiner Grundbedürfnisse nicht sorgen muss.

…das zu tun, was ich gerne mache und gut kann.

C Lebensvorstellungen

Die Arbeit hält drei große Übel fern:
Die Langeweile, das Laster und die Not.
(Voltaire)

Müßiggang verkürzt das Leben oder:
Wer rastet, der rostet.
(Volksweisheit)

Wer schaffen will, muss fröhlich sein.
(Theodor Fontane)

Arbeit macht das Leben süß,
Faulheit stärkt die Glieder.
(Deutsches Sprichwort)

Man sollte nie so viel zu tun haben,
dass man zum Nachdenken keine Zeit mehr hat.
(Georg Christoph Lichtenberg)

B Wie triffst du wichtige Entscheidungen?

1. Ich schiebe Entscheidungen meist vor mir her und brauche oft jemanden, der mir einen Ruck gibt, weil ich mich selbst nicht überwinden kann.
2. Das mache ich eher spontan und nach Gefühl. Aus dem Bauch heraus funktioniert das am besten.
3. Es hilft mir, mich mit anderen über eine wichtige Entscheidung zu unterhalten, das kann auch neue Blickwinkel ergeben.
4. Ich brauche beim Treffen von Entscheidungen keine Hilfe, denn ich will selbst über mein Leben entscheiden.
5. Zunächst bewahre ich einen kühlen Kopf und dann informiere ich mich über Vor- und Nachteile, um sie abzuwägen.
6. Entscheidungen treffe ich eher so:

D Fallbeispiele

- Timur ist gestürzt.
- Familie Buchelt sind bei einem Einbruch im Keller die Fahrräder gestohlen worden.
- Hilde feiert ihren 70. Geburtstag
- Katharina ist kurz vor einer geplanten Sprachreise nach England krank geworden.
- Frau Yilmaz wurde fristlos gekündigt. Sie fühlt sich ungerecht behandelt und hat Klage gegen die Kündigung eingereicht.

Reiserücktrittversicherung, Hausratversicherung, Unfallversicherung, Lebensversicherung, Berufsunfähigkeitsversicherung, private Krankenversicherung, Kfz-Versicherung, Haftpflichtversicherung, Rechtsschutzversicherung, Reisegepäckversicherung

E Ein Drückeberger?

Wenn ich schon kein Gehalt bekomme, möchte ich wenigstens in Teilzeit arbeiten.

Wichtige Begriffe

Vorsorge
soziale Sicherung
Lebensplanung
Erwerbsarbeit
Hausarbeit
Zukunftswerkstatt

Wissen und erklären

1. Erklärt euch gegenseitig die wichtigen Begriffe.
2. Ordne den Beispielen (D) jeweils eine der darunter stehenden Versicherungen zu. Nutze dazu auch die Abbildung auf der Seite 15.

Informationen beschaffen und auswerten

3. Was ist ein „Workaholic"? Informiere dich darüber auch im Internet.
4. Was kommt in den Lebensvorstellungen (C) zum Ausdruck? Beschreibe die verschiedenen Ansichten.
5. Recherchiere, was man unter dem Begriff „Generationenvertrag" versteht.

Beurteilen, entscheiden und handeln

6. Wie triffst du wichtige Entscheidungen? Notiere, welche der Aussagen (B) am ehesten auf dich zutreffen. Besprecht die Ergebnisse dann in Kleingruppen, verwendet dafür auch die Abbildung.
7. Inwiefern treffen die Aussagen (A) auf dich zu? Bewerte mit 1 bis 4.
   Es gilt: 1 = trifft voll zu, 2 = trifft eher zu, 3 = trifft eher nicht zu, 4 = trifft nicht zu.
8. Verfasse ein kreatives Schreiben zum Thema: „Mein Arbeitstag im Jahr 2035". Lass deiner Fantasie freien Lauf.
9. Werte die Karikatur aus (E).

Wir führen eine Pro-und-Kontra-Diskussion

Zwei Gruppen sammeln Argumente, um das Pro (= dafür) und Kontra (= dagegen) zu begründen. Eine dritte Gruppe bildet die Jury und bleibt neutral (= unentschieden).

1 Vorbereitung
Die beiden Gruppen sammeln Material. Die wichtigsten Argumente werden aufgeschrieben. Die Jury-Gruppe notiert Kriterien, nach denen die Gruppen bewertet werden sollen, und spricht diese mit den Gruppen ab.

2 Durchführung
Die Tische werden so gestellt, dass sich die beiden Gruppen ansehen können. Es sollten alle Gruppenteilnehmer zu Wort kommen. Die Redezeit für die Gruppen wird festgelegt. Aus der Gruppe der Jury eröffnet und beendet ein/-e Gesprächsleiter/-in die Diskussion.

Thema: Sind die Hausarbeit und Erwerbsarbeit gleichwertig?

Pro
1. Nur die Erwerbsarbeit allein reicht zum Leben nicht aus.
2. Hausarbeit muss erledigt werden, man kann sie sich nicht aussuchen.
3. Hausarbeit wird in unserer Gesellschaft zu wenig beachtet und gewürdigt.
4. Hausarbeit ist kein Produktionsfaktor für die Volkswirtschaft.
5. Hausarbeit wird oft den Frauen zugewiesen bzw. überlassen.
6. …

Kontra
1. Erwerbsarbeit ist bezahlte Arbeit. Nur davon kann man leben.
2. Hausarbeit ist ein „notwendiges Übel".
3. Wer gut verdient, lässt andere die Hausarbeit machen.
4. Hausarbeit hat keine Bedeutung für die Volkswirtschaft.
5. Hausarbeit war, ist und bleibt Frauensache.
6. …

Jury
1. Wie überzeugend waren die Argumente?
2. Wie waren der Ausdruck und die Sprache?
3. Konnte die gegnerische Gruppe zuhören?
4. Wie hat die Gruppe zusammengearbeitet?
5. …

3. Auswertung
Die Jury wertet die Diskussion nach ihren Kriterien aus. Sie gibt Hinweise, wie einzelne Situationen besser gestaltet werden können.

Berufswahl und Berufswegplanung 2

Auch aus Steinen,
die einem in den Weg gelegt werden,
kann man Schönes bauen.

Johann Wolfgang von Goethe (1749 – 1832)

Alex Klingbeil
15 Jahre　　　　Single　　　　interessiert an Frauen
wohnt in Duisburg

Gefällt mir:
Bushido, Hangover, Rihanna, Basketball, FC Bayern München, Party, Call of Duty, Abchillen, Snowboard

Gruppen:
MSV Duisburg,
Skateplätze in MD

Status: derbste Partyyyy des Jahres!!!! – mit Manu, Flo, Justin heute um 21:40 Uhr

Chat

Lisi: krass. da will ich echt nicht mit dir tauschen :/
Ich: hm. mir gehts echt bescheiden
Lisi: wie können deine lehrer denn nur so sein?
Ich: frag ich mich auch
Ich: ich halt das nicht mehr lange aus.
Lisi:: ich bin immer für dich da, das weißt du
Lisi: ich hab dich lieb :*
Ich: danke ich dich auch <3 Eingabe: |

Ein Profil „im Netz"

Was kann ich, was will ich?

Den richtigen Beruf für sich zu finden, ist eine große Herausforderung. Woher soll man denn wissen, welche Arbeit einem ein Leben lang Spaß macht? Juliane tanzt sehr gerne und überlegt, ob sie später Schauspielerin werden will. Karl liebt gutes Essen und denkt über eine Ausbildung als Koch nach. Die Fähigkeit, herauszufinden, welcher Beruf gut zu einem passt, nennt man „Berufswahlkompetenz".

Linus isst gerade mit seinen Eltern zu Abend und berichtet ihnen, dass er im Fitnessstudio 50 Kilogramm Gewichte gehoben hat. „Ich kann doch Gerüstbauer werden", sagt er und fügt hinzu, dass man in diesem Beruf ziemlich viel Geld verdienen kann. „Willst du wirklich jeden Tag bei Wind und Wetter draußen arbeiten und mit 40 Jahren einen kaputten Rücken haben?", entgegnet ihm sein Vater. Seine Mutter findet eine Tätigkeit als Gerüstbauer viel zu gefährlich und meint, Lehrer sei doch auch ein toller Beruf. Linus beginnt, darüber nachzudenken und stellt fest, dass das, was man kann, nicht unbedingt das ist, was man sein Leben lang machen will. Plötzlich ruft die kleine Isabell in die Runde: „Ich will später eine Fee werden". Die ganze Familie lacht und sagt mit einem Augenzwinkern, da musst du aber noch viel üben. Nicht alles, was man kann, ist später als Beruf geeignet und nicht alles, was man will, kann man automatisch später machen. Wichtig ist es, sich im Leben Ziele zu setzen und daran zu arbeiten, sie zu erreichen. So kann man durchaus mit einem Hauptschulabschluss später Arzt werden. Bis dahin ist es aber ein langer Weg, bei dem verschiedene Schulabschlüsse nachgeholt werden müssen, um später Medizin studieren zu können und dann Arzt zu werden. Damit man herausfindet, was man wirklich will, sollte man erst ein Persönlichkeitsprofil von sich anfertigen.

Dein Persönlichkeitsprofil – „Big Five"

Mein Persönlichkeitsprofil

Jeder Mensch ist einzigartig und etwas ganz Besonderes.

> Ein Persönlichkeitsprofil zeigt deinen individuellen Charakter: deine eigenen Stärken und Schwächen.

Am besten kann man eine Persönlichkeit anhand von fünf unterschiedlichen Bereichen beschreiben. Man nennt diese Bereiche auch: „Big Five". Der erste Bereich ist die „Ich-Stärke". Hier geht es darum, wie sicher und zufrieden du dich fühlst. Der zweite Bereich beschreibt deine „Aktivität". Triffst du dich gerne mit Freunden und findest du schnell Anschluss oder bist du eher zurückgezogen? „Offenheit für Erfahrungen" ist der dritte Bereich. Er sagt aus, wie sehr du dich für neue Dinge begeistern kannst und wie fantasievoll du bist. Der vierte Bereich „Verträglichkeit" beschreibt, ob du Verständnis und Mitgefühl hast oder eher misstrauisch bist. Zuletzt gibt es noch die „Gewissenhaftigkeit"– also die Frage, ob man sich auf dich verlassen kann.

Mit diesen fünf Bereichen kannst du ein Persönlichkeitsprofil von dir anfertigen und zeigen, wo deine Stärken und Schwächen liegen.

1 Anhand welcher Merkmale lässt sich eine Persönlichkeit beschreiben? Nenne einzelne Merkmale.

2 Erkläre, warum das, was man gut kann, nicht automatisch das ist, was man beruflich machen sollte.

3 Warum ist es bei der Berufswahl wichtig, zu wissen, welche Stärken und Schwächen man hat? Diskutiert.

★ 4 Überlege anhand der Fragen aus der Grafik, welchem Persönlichkeitstyp du entsprichst. Fertige eine Collage zu deiner Person an.

★ 5 Was erfährt man anhand sozialer Netzwerke über die Persönlichkeit eines Menschen? Analysiert die Seite eines Freundes in einem sozialen Netzwerk (z. B. bei Facebook). Stellt eure Ergebnisse in der Klasse vor und diskutiert die damit verbundenen Probleme.

Mindmap: Mein Persönlichkeitsprofil

Selbst- und Fremderkundung

Bei der Suche nach einer passenden Ausbildung oder einem geeigneten Studium kommt es vor allem darauf an, die eigenen Fähigkeiten und Interessen richtig einzuschätzen. Das kann in einem Persönlichkeitsprofil wie in der Abbildung oben zusammengefasst werden. Wer weiß, was er gerne macht, dem fällt die Berufswahl leichter.

Patricia legt beispielsweise Wert auf eine saubere Arbeit und sie möchte anderen Menschen helfen. Gestalterische Arbeit liebt sie ebenfalls. Eine Arbeit im Labor würde sie auch nicht ablehnen. Was ist für sie nun wichtig? Wird für sie die Berufswahl zur Qual? Gibt es einen Beruf, der eventuell alle Erwartungen erfüllen kann?

Für Sascha ist die Sache relativ einfach: „Du musst doch nur deine Zensuren ansehen, dann weißt du, was du gerne machst und was du kannst. Meine Zensuren in Mathe, Physik und in Technik sind hervorragend. Damit ist klar, ich werde einen technischen Beruf ergreifen."

Aber offensichtlich sind nicht nur die Zensuren für die Berufswahl entscheidend. Überall wo du dich aktiv beteiligst (z. B. im Sportverein), kannst du herausfinden, welche Talente du hast.

> Sich selbst erkunden heißt, die eigenen Stärken und Schwächen sowie Wünsche und Lebenspläne zu ermitteln.

Wichtig ist aber auch die Rückmeldung anderer Menschen, wie Familie, Freunde, Bekannte, über deine Eigenschaften und dein Verhalten. Diese Rückmeldung wird auch „Feedback" genannt.

> Feedback ist die Rückmeldung anderer Menschen an eine Person über deren Verhalten.

Ein Feedback kann helfen, es ist eine konstruktive Kritik. Ein Feedback ergänzt die Selbsteinschätzung durch Eindrücke, die andere von dem jeweiligen Menschen haben. Die Selbst- und Fremdeinschätzung sind fast nie deckungsgleich. Je offener und ehrlicher Menschen miteinander umgehen, desto besser kann jeder seine Selbsteinschätzung überprüfen und korrigieren.

Mathematisches Verständnis:	Matheaufgaben, zum Beispiel Dreisatz oder Prozentrechnungen, kannst du leicht lösen.
Räumliches Denken:	Du kannst dir Gegenstände auf einem Bild aus verschiedenen Blickwinkeln genau vorstellen und weißt, wie die Gegenstände in Wirklichkeit zueinander angeordnet sind.
Textverständnis:	Du verstehst Texte gut und kannst das Wichtigste daraus richtig wiedergeben.
Technisches Verständnis:	Du verstehst, wie Geräte, Maschinen oder Anlagen aufgebaut sind und wie ihre Einzelteile zusammenarbeiten.
Handwerkliches Geschick:	Du bist geschickt beim Basteln und kannst gut mit Werkzeugen umgehen.
Zusammenhänge erkennen:	Du kannst z. B. bei verschiedenen Formen, Mustern oder Symbolen schnell die Gemeinsamkeiten und Unterschiede feststellen.
Verantwortungsbewusstsein:	Du überlegst dir vorher, welche Folgen dein Verhalten haben könnte.
Teamfähigkeit:	Du arbeitest gerne mit anderen in der Gruppe zusammen. Das gemeinsame Ziel ist dir mindestens ebenso wichtig wie deine eigenen Interessen.
Kommunikationsfähigkeit:	Du kannst dich gut ausdrücken und gut zuhören.
Sorgfalt:	Du erledigst Aufgaben ordentlich, gewissenhaft und möglichst ohne Fehler.
Selbstständigkeit:	Du erkennst selbstständig, was zu tun ist, und versuchst, die Aufgaben möglichst ohne fremde Hilfe zu lösen.
Konfliktfähigkeit:	Du kannst ruhig und sachlich mit Meinungsverschiedenheiten umgehen und versuchst, eine gemeinsame Lösung zu finden.
Organisationsfähigkeit:	Du kannst gut planen und überlegst dir vorher genau, was alles zu tun ist, damit du eine Aufgabe gut schaffst.
Einfühlungsvermögen:	Es fällt dir leicht, dich in die Situation und in die Gefühle von anderen Menschen hineinzuversetzen.
Belastbarkeit:	Du behältst auch in schwierigen Situationen die Nerven und handelst überlegt.

Welche persönlichen Stärken hast du?

1 Entwickle eine Mindmap (= Gedankenkarte), in der du dein Persönlichkeitsprofil beschreibst. Orientiere dich an der Abbildung auf Seite 24 und der Übersicht oben.

2 Stelle die Mindmap deinen Eltern und deinem besten Freund oder deiner besten Freundin vor. Wie schätzen diese deine Eigenschaften ein? Vergleiche und veranschauliche die Ergebnisse.

3 Check deine Talente und nutze dazu die Aufstellung oben. Stelle dann in einer Übersicht dar, welche Berufe zu dir passen. Du kannst diese Übersicht auch als Plakat gestalten.

Informationsmöglichkeiten bei der Berufsorientierung

Viele Informationsmöglichkeiten – schulische und außerschulische Partner

Berufsorientierung wird in Deutschland als äußerst wichtig angesehen. Die richtige Unterstützung und Beratung auf der Suche nach dem passenden Beruf hilft jungen Menschen, ihren persönlichen Weg zu finden. Deshalb gibt es eine Vielzahl an Partnern und Beratungsmöglichkeiten. Kostenlose Beratungsgespräche erhält man im Berufsinformationszentrum (BiZ) oder bei den Kammern (Handwerk bzw. Industrie/Handel). Es gibt aber auch eine Vielzahl anderer Möglichkeiten, bei der Berufswahl unterstützt zu werden: zum Beispiel die Internetseiten der Agentur für Arbeit. Hier findet man tolle Tipps rund um die Studien- oder Berufswahl. So ist die Seite www.planet-beruf.de eine spezielle Informationsseite für Jugendliche, auf der man alles über Berufe erfahren kann.

Das Berufsberatungsgespräch

Auf ein Beratungsgespräch mit einem Berufsberater sollte man gut vorbereitet sein. Das bedeutet, sich mit seinen Stärken und Schwächen auseinandergesetzt zu haben und zu wissen, was einen interessiert.

> Berufsberater verfügen über wichtige Informationen zu Berufen und Ausbildungswegen sowie Ausbildungsstellen.

Berufsberater: „Guten Tag Janine, schön dass du dich so zeitig zu einem Beratungsgespräch bei mir gemeldet hast. Das zeigt mir, dass du an deiner Berufswahl interessiert bist."
Janine: „Hallo Herr Büning, ja ich habe mich intensiv mit meinen Berufswünschen beschäftigt und brauche jetzt ihre Unterstützung."
Berufsberater: „Ich würde gerne wissen, wo du deine Stärken siehst."
Janine: „Ich begeistere mich sehr für Technik. Zum Beispiel repariere ich gerne Fahrräder oder nehme alte Computer auseinander."

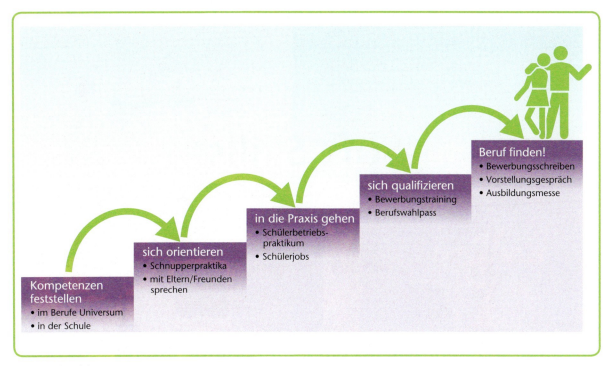

Die Berufswahltreppe

Berufsberater: „Das ist ja spannend. Könntest du dir den einen technischen Beruf vorstellen?"
Janine: „Ja, Mechatroniker würde mich interessieren, aber leider weiß ich zu wenig über diesen Beruf!"
Berufsberater: „Na dann will ich dir mal erklären, was dich als Mechatroniker so alles erwartet…"

Außerschulische Partner

Es gibt eine Vielzahl an tollen Projekten, bei der außerschulische Partner Schülerinnen und Schüler bei der Berufswahl unterstützen. Ein wichtiger Partner in eurem Land ist www.partnerfuerschule.nrw.de. Da gibt es zum Beispiel ein Projekt „Schülerfirmen".

> Schülerfirmen funktionieren wie richtige Unternehmen. Sie stellen Produkte her, machen Werbung und müssen ihre Finanzen im Griff haben. Nur Steuern müssen Schülerfirmen nicht zahlen!

Beim deutschen Gründerpreis entwickelt man ein eigenes Geschäftskonzept und kann so herausfinden, ob man sich später eine Selbstständigkeit vorstellen könnte.

Der Boy's- und der Girl's-Day sind zwei bundesweite Aktionstage, bei denen man in typische Mädchen- und Jungenberufe „reinschnuppern" kann. So hat Janine ein Praktikum in einer Kfz-Werkstatt gemacht und möchte jetzt sogar Mechatronikerin werden.

1 Rund um den Beruf gibt es viele Beratungsmöglichkeiten. Recherchiere und fertige eine Liste an.

2 Erkläre, warum es wichtig ist, sich auf ein Berufsberatungsgespräch gut vorzubereiten.

⭐ 3 Rollenspiel: Spielt zu zweit ein Berufsberatungsgespräch mit verteilten Rollen. Die anderen Schüler sind Beobachter und sagen, was gut gemacht wurde und was man besser machen könnte.

Wichtige Kompetenzen in der Berufswelt

Berufliche Anforderungen – heute und morgen

Viele Berufe und ihre Anforderungen haben sich im Laufe der Jahrhunderte gewandelt. Manche Berufe hingegen haben sich kaum geändert. So wird in kleinen Handwerksbetrieben – zum Beispiel in Bäckereien oder Tischlereien – nach alter Tradition gearbeitet. Es haben sich aber auch moderne Formen wie Großbäckereien oder die Systemgastronomie entwickelt. Dort werden mit modernster Technik Lebensmittel und Speisen hergestellt.

> Berufe befinden sich in einem Wandel. Deshalb wird lebenslanges Lernen immer wichtiger. Nur wer die aktuellen Trends und Verfahren in seinem Beruf kennt, kann dauerhaft mithalten.

Neben den immer höheren Anforderungen im Umgang mit Computern und Software (Hard Skills) erwarten Arbeitgeber heute vor allem Soft Skills von ihren Auszubildenden.

> „Soft Skills" sind Fähigkeiten, die dazu beitragen, gemeinsam Ziele in einer Gruppe zu erreichen (z. B. Teamfähigkeit, Konfliktfähigkeit).

Technologischer Wandel

Auch Technik verändert sich sehr schnell, sodass man sich ständig fortbilden muss, um immer auf dem neuesten Stand zu sein. Selbstverständlich sind die Anforderungen nicht bei allen Berufen gleich. Ob man in der IT-Branche (IT = Informationstechnologie) arbeitet, eine Ausbildung als Tierpfleger macht, Konditor werden möchte oder vielleicht sogar Polizistin: Jeder dieser Berufe erfordert besondere Kompetenzen.

Beispiel: Polizist/-in

Wenn du Polizist/-in werden möchtest, musst du ein Teamplayer sein. Das heißt, dass du gut in einer Gruppe arbeiten kannst und weißt, wann

Frauen verdienen im Vergleich zu Männern als	
Bürofachkräfte	74 %
Chemielaboranten	83 %
Elektroinstallateure	82 %
Friseure	72 %
Kellner	93 %
Konditoren	71 %
Programmierer	85 %
Postzusteller	104 %
Tierpfleger	96 %

Quelle: Statistisches Bundesamt

Gleicher Lohn für gleiche Arbeit?

Eine Konditorin bei der Arbeit

man sich zugunsten eines gemeinsamen Ziels etwas zurücknehmen muss. Außerdem darfst du als Frau nicht kleiner als 1,63 Meter, als Mann nicht kleiner als 1,68 Meter sein. Du brauchst mindestens die Fachhochschulreife. Man kann zum Polizeihauptmeister aufsteigen, der leitet z. B. eine komplette Polizisten-Gruppe.

Beispiel: Chemielaborant/-in
Als Chemielaborant/-in brauchst du weniger Gespür für Menschen als vielmehr Lust am Experimentieren. Man sollte mindestens einen sehr guten mittleren Schulabschluss haben, da in der Praxis häufig Bewerber mit Abitur genommen werden. Die Fächer Chemie und Mathematik sollten zu deinen Lieblingsfächern gehören. Als Chemielaborant/-in prüft man u. a. Produkte auf ihre chemische Verträglichkeit. Die Arbeit mit gefährlichen Stoffen verlangt höchste Sorgfalt und Verantwortungsbewusstsein.

Beispiel: Konditor/-in
Als Konditor/-in sind besonders dein Organisationstalent und Durchhaltevermögen gefragt: Du musst Teige anrühren, Bleche in den Ofen schieben und alle Torten und Kuchen pünktlich fertigstellen. Später kannst du Eis und Schokoladenspezialitäten herstellen sowie Füllungen und Cremes anrühren. Um mit der Ausbildung beginnen zu können, reicht ein Hauptschulabschluss.

Später kannst du deinen Meister machen und eine leitende Position übernehmen.

Beispiel: Fachinformatiker/-in
Die IT-Branche ist ein Berufsfeld, das in der Zukunft immer mehr an Bedeutung gewinnt. Da du viel unterwegs bist, musst du mobil und flexibel sein. Als Fachinformatiker/-in für Systemintegration planst, installierst und wartest du Systeme der Informations- und Telekommunikationstechnik im eigenen Unternehmen oder für Kunden. Hier werden vor allem logisches Denken und Spaß an der Arbeit mit Computern verlangt.

---

1 Vergleiche die hier vorgestellten Berufe mit deinen Fähigkeiten. Fertige eine Tabelle an, welcher Beruf zu dir passt und welcher nicht!

2 Liste auf, welche Soft Skills bei den hier vorgestellten Berufen verlangt werden.

★ **3** Gehaltscheck: Bezieht Stellung dazu, warum Männer für die gleiche Arbeit meist mehr verdienen als Frauen.

★ **4** Was bedeutet die ungerechte Bezahlung von Männern und Frauen für eure Zukunft? Schreibt einen erdachten Brief an den Wirtschaftsminister.

Im Ausbildungslabyrinth

Einen Weg im Berufe- und Ausbildungslabyrinth finden

In Deutschland gibt es gegenwärtig ungefähr 340 anerkannte Ausbildungsberufe in verschiedenen Berufsgruppen. Wie soll man sich da einen Überblick verschaffen, fragt sich Songül.

Das Chaos ordnen
Ganz klar: Es müssen Kriterien zur Einteilung von Berufen her. Schließlich kann man sich nicht jeden Beruf einzeln anschauen. Außerdem muss man dann noch darauf achten, welche Arten von Ausbildungen es gibt. Eine einfache Unterteilung ist zum Beispiel, ob ein „Studium" oder eine „Betriebsausbildung" in Frage kommt.

Zunächst ist es sinnvoll, sich noch einmal an das eigene Profil zu erinnern. Auf diese Weise kann man schnell feststellen, ob eine Berufsbeschreibung zu einem passt oder nicht. Dabei solltest du – schon im eigenen Interesse – selbstkritisch sein. Bist du beispielsweise wirklich gut in Englisch und würdest dich freuen, wenn du später im Beruf viel mit dieser Sprache zu tun hättest? Oder fiel es dir – ganz ehrlich gesagt – eher schwer, Vokabeln zu lernen und flüssig zu sprechen? Reizen dich die Sprache und der internationale berufliche Rahmen? Oder malst du dir nur aus, wie „cool" ein solcher Job wäre? Am besten wäre es wohl, du würdest mal in ein Berufsinformationszentrum gehen.

> Hilfe zur Selbsthilfe erleichtert die Suche nach einem passenden Beruf. Das Berufsinformationszentrum (BiZ) unterstützt durch viele Infos zu Berufen und Beratungsgespräche deine Berufswahl.

Jobben oder Ausbildung?
Nachdem die Schule erfolgreich abgeschlossen ist, möchten viele endlich Geld verdienen, um sich so auch die schönen Dinge des Lebens leisten zu können. Wenn man den Führerschein in der Tasche hat, könnte man doch zum Beispiel gut als Pizzabote ein paar Euro verdienen. Aber ist das wirklich sinnvoll?

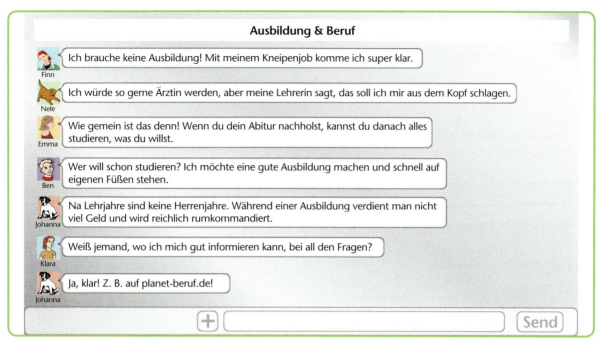

Ausbildung und Beruf – in einem Chat

Der Bedarf an ungelernten Arbeitskräften geht in Deutschland immer mehr zurück. Die Folge sind eine hohe Arbeitslosigkeit in dieser Gruppe und geringe Löhne. Hinzu kommen die geringen Karrierechancen als ungelernter Arbeitnehmer, was unter anderem dazu führt, dass man sich viele Wünsche später nicht erfüllen kann.

Berufliche Bildungswege

Auf dem Weg zu einer Ausbildung stehen einem viele Möglichkeiten offen. Zunächst gilt es, zu klären, ob man nach der vorgeschrieben Schulzeit weiterhin zur Schule gehen oder einen Beruf erlernen möchte.

> Bei einer dualen Ausbildung besucht man neben der Arbeit im Betrieb regelmäßig eine Berufsschule.

Das duale System wird häufig in Handwerks- und Dienstleistungsberufen angewandt. Informationen zum Angebot an betrieblichen Ausbildungsstellen in deiner Region bekommst du bei der Agentur für Arbeit oder durch direkte Nachfrage bei den Betrieben.

> Vollzeitunterricht: Es gibt Berufe mit einer reinen schulischen Ausbildung, z. B. als Erzieher/-in.

Eine andere Möglichkeit der Ausbildung ist der Besuch der Berufsfachschule. In einem einjährigen Vollzeitunterricht werden die Schülerinnen und Schüler entweder auf einen Ausbildungsberuf vorbereitet, oder sie gelangen nach weiteren zwei Jahren zu einem Berufsabschluss.

---

1 Lest den Chat. Diskutiert gemeinsam Vor- und Nachteile einer beruflichen Ausbildung.

2 Welche beruflichen Bildungswege gibt es? Nenne sie.

★ **3** Fachabitur, Ausbildung oder einfach nur jobben? Schreibt einen Chat, in dem ihr die verschiedenen Vor- und Nachteile der drei genannten Möglichkeiten diskutiert. Lest eure Chats mit verteilten Rollen vor.

Berufsfeld	ausgewählte Berufe	Besonderheiten
Land-, Tier-, Forstwirtschaft, Gartenbau	Gärtner/-in	• Arbeit bei „Wind und Wetter"
	Landwirt/-in	• körperliche Arbeit
Ernährung, Gastronomie	Koch/Köchin	• extreme Arbeitszeiten
	Bäcker/-in	• Hygiene sehr wichtig
Hotel-, Gaststättenberufe, Hauswirtschaft	Restaurantfachmann/-frau	• vielfältige Aufgaben
	Hauswirtschafter	• Arbeit auch am Wochenende • Kontakt zu Gästen
Berufe in der Körperpflege	Friseur/-in	• körperlich anspruchsvoll
	Kosmetiker/-in	• ständiger Kundenkontakt
Reinigungs-, Entsorgungsberufe	Gebäudereiniger/-in	• mit Abfall und Schmutz Geld verdienen
	Abfallentsorger	
Kaufmännische Büroberufe	Bürokaufmann/-frau	• „Schreibtischjob"
	Rechtsanwaltsfachangestellte/r	• gute EDV-Kenntnisse
Bauberufe, Holz-, Kunststoffbe- und -verarbeitung	Tischler/-in	• handwerkliches Geschick
	Straßenbauer/-in	• körperliche Arbeit
Metall-, Anlagenbau, Blechkonstruktion, Installation, Montierer/-innen	Klempner/-in	• Geschick im Umgang mit Metall und Maschinen
	Konstruktionsmechaniker/-in	• körperliche Arbeit

Berufsfelder – Teil 1

Vielfalt der Berufsfelder

Das Bundesinstitut für Berufsbildung hat für Ausbildungsberufe eine Liste von Berufsfeldern erarbeitet. Wir wollen euch hier drei Berufsfelder genauer vorstellen.

> Ein Berufsfeld fasst alle Berufe zusammen, welche von ihren Inhalten, Aufgaben oder Funktionen ähnlich sind.

Computer, Informatik, IT
In der Arbeitswelt und zu Hause braucht man moderne Informationstechnologien. Wenn man eine Ausbildung in diesem Berufsfeld wählt, kann man für verschiedene Unternehmen arbeiten – z. B. für Industriebetriebe, Internetanbieter oder in der Telekommunikationsbranche. Dort wird man ausgebildet zum Fachinformatiker, zur Informationskauffrau oder zum mathematisch-technischen Software-Entwickler.

Naturwissenschaften und Labor
Um neue Produkte herzustellen, muss man viele Untersuchungen durchführen, z. B. von Organismen oder Stoffen. Die Biotechnologie gewinnt immer mehr an Bedeutung. Für dieses Berufsfeld gibt es ein breites Angebot an beruflichen Ausbildungen: Chemie-, Physik- oder Textillaborant. Man kann aber auch Baustoff- oder Werkstoffprüfer werden. Ebenso gibt es verschiedene schulische Ausbildungen wie die als medizinisch-technische/-r Laborassistent/-in. Arbeit findet man in ganz unterschiedlichen Bereichen. Einige arbeiten in der Lebensmittelindustrie oder im Gesundheitswesen, andere in der chemischen Industrie oder in Forschungseinrichtungen.

Bildung und Erziehung
Wenn du gerne mit Menschen arbeitest, ist dieses Berufsfeld genau das Richtige für dich! Eine gute Bildung ist für die wirtschaftliche Entwicklung

Berufsfeld	ausgewählte Berufe	Besonderheiten
Verkehrsberufe	Berufskraftfahrer	• ständig unterwegs auf der Straße/ auf den Schienen
	Eisenbahnbetriebsregler/-in Zugführer	• hohe Verantwortung für Fahrgäste bzw. Fracht
Gesundheitsberufe	Altenpfleger/-in	• keine Scheu vor alten oder kranken Menschen
	Arzthelfer/-in	
Soziale Berufe	Erzieher/-in	• Arbeit mit Menschen
	Haus- und Familienpfleger/-in	• Bedürftigen Hilfe geben
Groß-, Einzelhandelskaufleute	Einzelhandelskaufmann/-frau	• gutes Verkaufsgeschick
	Drogist/-in	• für Verhandlungsstarke
Elektroberufe	Elektroniker/-in	• für Tüftler und Bastler
	Industrieelektriker/-in	
IT-Kernberufe	Systeminformatiker	• für Computerexperten
	IT-System-Elektroniker/-in	
Packer/-in, Lager-, Transportarbeiter/-in	Fachlagerist/-in	• lange Wege zurücklegen
	Postdienstleistungsfachkraft	• körperlich anspruchsvoll
Chemie, Kunststoff, Naturwissenschaften	Vulkaniseur/-in	• für Experimentierfreudige
	Chemielaborant/-in	
Fahr-, Flugzeugbau, Wartungsberufe	Kfz-Mechatroniker/-in	• für Fahrzeugbegeisterte
	Fahrzeuglackierer	

Berufsfelder – Teil 2

eines Landes und das gemeinsame Miteinander sehr wichtig. Der wohl bekannteste schulische Ausbildungsberuf ist der des Erziehers. Man kann aber auch eine Ausbildung als Fachlehrerin in musisch-technischen Fächern oder als sozialpädagogische Assistentin machen. Diese Ausbildungen sind alles schulische Ausbildungen, bei denen du sehr lange Praktika (zum Beispiel in einem Kindergarten) machst. Arbeit findest du später vor allem in Kindergärten und Schulen oder in sozialpädagogischen Einrichtungen.

Lebenslanges Lernen bedeutet, dass man in seinem Berufsleben immer dazulernen kann.

Wenn du den ersten Berufsabschluss gemacht und mehrere Jahre gearbeitet hast, gibt es verschiedene Weiterbildungsmöglichkeiten. So kannst du Ausbilder werden und dann später selbst einmal Erzieher ausbilden. Es gibt für fast jeden Beruf vielfältige Weiterbildungsmöglichkeiten und Karrierechancen. Man muss sich nur genau informieren und Durchhaltevermögen besitzen.

1 Wähle ein Berufsfeld, was dich besonders interessiert, und recherchiere im Internet die dazugehörigen Berufe.

2 Gehaltscheck: Versuche über das Internet zu fünf bis sechs Berufen herauszufinden, was man in den Berufen verdient. Was bedeutet der Verdienst für deine persönliche Lebensplanung?

3 Suche noch weitere Berufsfelder im Internet und ergänze die beiden Übersichten.

Jana bei einem Eignungstest

Tests – eine gute Grundlage für die Berufswahl

Jana ist 17 Jahre alt und möchte gerne eine Ausbildung als Mechatronikerin machen, am liebsten in der Raumfahrtindustrie. Ihre Mutter ist der Meinung, das sei doch ein Männerberuf. Ihr Freund unterstützt sie bei ihrem Berufswunsch. Jana möchte einfach erst einmal herausfinden, ob sie Stärken hat, die zu ihrem Berufswunsch passen. Auch Unternehmen wollen wissen, ob man für eine Ausbildung gut geeignet ist. Deshalb gibt es so genannte „Kompetenzchecks" für Schülerinnen und Schüler und Eignungstests für Arbeitgeber. Wobei handelt es sich darum?

Kompetenzchecks

Kompetenzchecks sind Tests, die helfen, persönliche Stärken und Schwächen genauer zu untersuchen. Man unterscheidet verschiedene Arten von Kompetenzen. Sozialkompetenzen sagen aus, wie gut man mit anderen Menschen umgehen kann. Die Methodenkompetenz zeigt, ob man bestimmte Verfahren beherrscht – z. B. Office-Programme. Eine weitere wichtige Kompetenz ist die Fachkompetenz, welche zeigt, ob man ein Thema gut kennt. Wenn jemand den Dreisatz beherrscht, verfügt er über Fachkompetenz in Mathematik.

> Kompetenzen sind Fähigkeiten und Fertigkeiten, die dir bei der Lösung unterschiedlicher Probleme helfen.

Tests

Arbeitgeber wenden eine Vielzahl unterschiedlicher Tests an, um herauszufinden, ob jemand für einen bestimmten Ausbildungsberuf geeignet ist. Am häufigsten werden Leistungstests durchgeführt. Mit Leistungstest können beispielsweise sprachliche Fähigkeiten ermittelt werden.

> Tests überprüfen die Fertigkeiten und Fähigkeiten der/des Bewerberin/Bewerbers. Sie sind oft eine wichtige Entscheidungshilfe für den Arbeitgeber.

Üben, üben, üben

Mit diesen Tests versucht man auch herauszufinden, ob man für einen bestimmten Beruf geeignet ist. Deshalb spricht man auch von „Eignungstests". Solche Tests werden beispielsweise bei der Polizei oder wenn man im öffentlichen Dienst arbeiten möchte angewendet.

> Eignungstests prüfen deine Voraussetzungen, einen bestimmten Beruf ausüben zu können.

Meine Ziele

Wer seinen Berufswunsch erfüllen möchte, sollte verschiedene Dinge beachten. Zuerst ist es wichtig, die eigenen Kompetenzen festzustellen (Kompetenzchecks).

> Berufswahlkompetenz heißt, aus einer großen Auswahl an Berufen, den Beruf zu finden, der am besten zu einem passt.

Danach überlegt man sich, welche Berufe gut zu einem passen. Es ist wichtig zu wissen, ob für den gewünschten Beruf Eignungstests üblich sind, denn eine gute Vorbereitung ist alles. Deshalb: persönliche Ziele setzen, wie man die bevorstehenden Aufgaben gut meistern kann. Das Wichtigste ist: üben, üben, üben…

> Setze dir persönliche Ziele, um die Aufgaben auf dem Weg zu deinem Berufswunsch zu meistern!

1 Was ist der „öffentliche Dienst"? Finde es heraus und nenne passende Ausbildungsberufe.

2 Recherchiere, ob in den Berufen, die dich interessieren, Leistungstest üblich sind.

★ 3 Kompetenzcheck: Führe im „Berufe-Universum" einen persönlichen Kompetenzcheck durch.

★ 4 Leistungstest: Führe auf planet-berufe.de den Auswahltest in der Rubrik „Bewerbungstraining" durch.

Kenne deine Kompetenzen

	Sozialkompetenzen	Methodenkompetenzen	Fachkompetenzen/ technische Kompetenzen	interkulturelle Kompetenzen
konkretes Problem	Streit schlichten	Bewerbung für ein Betriebspraktikum schreiben	Fahrradpanne beheben	Ortsbeschreibung in einer fremden Sprache
notwendige Fähigkeiten	zuhören	Textverarbeitung am Computer	handwerkliches Geschick	Fremdsprachenkenntnisse
mögliche Situationen im Beruf	Kundenbeschwerde	eine Rechnung schreiben	Reparaturauftrag für eine Heizung	eine Dienstreise im Ausland

Meine Kompetenzen und wobei ich sie schon gebraucht habe

Interview mit einem Ausbilder für Industriekletterer

John hat einen staatlich anerkannten Ausbilder für Industriekletterer zu diesem interessanten Berufsbild befragt.

John: Können Sie mir in einem Satz sagen, was ein Industriekletterer macht?
Ausbilder: Industriekletterer erledigen ganz unterschiedliche Arbeiten, von Reinigungs- bis zu Montagearbeiten, indem sie sich mit einer speziellen Technik abseilen.
John: Welche Kompetenzen muss man für den Beruf mitbringen?
Ausbilder: Die wichtigsten Voraussetzungen sind absolute Teamfähigkeit, körperliche Belastbarkeit und handwerkliches Geschick.

> Kompetenzchecks geben dir Sicherheit für deine Entscheidung im Berufswahlprozess.

John: Wer kann Industriekletterer werden?
Ausbilder: Industriekletterer kann jeder werden. Es empfiehlt sich aber, vorher eine handwerkliche Ausbildung absolviert zu haben. Viele, die bei uns anfangen, sind gelernte Maurer, Dachdecker, Techniker oder Monteure.
John: Wie finde ich heraus, ob der Beruf des Industriekletterers für mich geeignet ist?
Ausbilder: Zunächst sollte man schwindelfrei sein und ein paar „Schnupperkurse" im Klettern belegen. Dabei kann man feststellen, ob einem das lange In-der-Luft-Hängen liegt. Zu Beginn der Ausbildung muss man ein ärztliches Attest über seine körperliche Tauglichkeit für Höhenarbeiten vorlegen. Auch während des späteren Arbeitslebens muss sich ein Industriekletterer regelmäßig von einem Facharzt für Arbeitsmedizin untersuchen lassen.
John: Gibt es auch Frauen, die diesen Beruf erlernen?
Ausbilder: Leider nur sehr wenige! Viele trauen sich die hohe körperliche Belastung nicht zu.
John: Gibt es auch unangenehme Tätigkeiten in diesem Beruf?
Ausbilder: Klar, beispielsweise Taubendreck entfernen, macht kaum jemandem Spaß. Außerdem

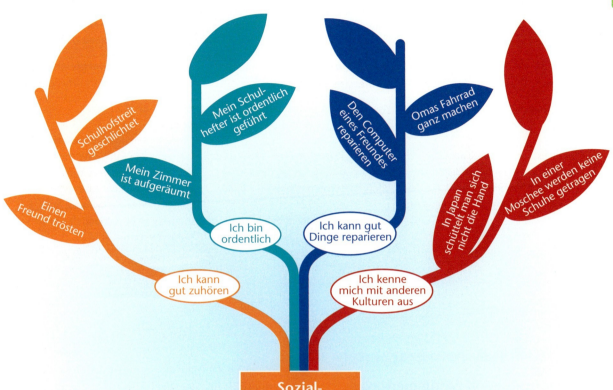

ist die Arbeit bei Kälte oder Regen anstrengend und manchmal unangenehm. Die Arbeitszeiten sind nicht immer regelmäßig.

John: Wie gefährlich ist der Beruf eigentlich?

Ausbilder: Wenn man alle Sicherheitsvorkehrungen beachtet, ist der Beruf im Allgemeinen ungefährlich. Gefährlich kann es aber werden, wenn plötzlich starke Winde aufkommen. Dann muss die Arbeit natürlich abgebrochen werden.

John: Wo kann man sich später bewerben?

Ausbilder: Das hängt davon ab, ob man als Freiberufler arbeiten möchte oder als Angestellter. Gebäudereinigungsfirmen oder auch große Bauunternehmen stellen gerne Leute ein, die eine Weiterbildung zum Industriekletterer absolviert haben.

John: Vielen Dank für das Gespräch.

1 In der Abbildung werden verschiedene Kompetenzen erläutert. Welche Kompetenzen benötigt die Industriekletterin? Ordne diese Kompetenzen den Kompetenzkategorien zu.

2 Fertige einen Kompetenzenbaum an. Trage in die Äste deine Fähigkeiten ein. Erinnere dich dabei an Situationen, die du erlebt hast, und trage diese in die Blätter und Früchte ein.

3 Vergleiche, ob du für den Beruf der Industriekletterin/des Industriekletterers geeignet wärest.
(Tipp: Eventuell hast du bereits ein Profil von dir erstellt. Nutze dieses Wissen.)

Der Kompetenzenbaum

1. Station: Informationen sammeln >>>>

Was will ich und kann ich? Welche Anforderungen stellen die einzelnen Berufe an mich? Wie komme ich an Informationen?

Selbsterkundung Berufsberatung	Betriebserkundung und erstes Praktikum
Wer bin ich? Wie sehen mich andere?	Wie sieht mein Wunschberuf in der Praxis aus?
Mindmap „Persönlichkeitsprofil" erstellen; Selbst- und Fremdeinschätzungsbögen ausfüllen (lassen); Freunde und Verwandte befragen; zur Berufsberatung gehen	Protokoll – Eindrücke vom Arbeitsplatz und den Anforderungen des Berufes der Schneiderin festhalten Expertenbefragung im Betrieb

ab 7. Schuljahr

2. Station: Auswerten

Stimmen deine persönlichen Berufsvorstellungen mit

Auswerten und vergleichen

Passt der Beruf zu mir?

Die Anforderungen des Berufes der Schneiderin mit den Fähigkeiten im eigenen Persönlichkeitsprofil vergleichen; Informationen über einen Alternativberuf einholen: Voraussetzungen, Anforderungen und Ausbildung des Berufes der Goldschmiedin

Lenas Berufswahlfahrplan

Berufswahlfahrplan erarbeiten

Ausgangssituation bestimmen

Unsere Berufswünsche werden unter anderem von der Umgebung beeinflusst. Die Berufe von Eltern, Freunden und Bekannten, Spielzeug, Filme, Fernsehen und andere Medien oder Idole können zu Vorstellungen führen, die den eigenen Berufswunsch mitbestimmen.

Lena ist in der 9. Klasse. Das Thema für die nächsten Wochen und Stunden heißt „Berufsorientierung – was ich später einmal werden möchte". Lena ist sich sicher, dass der Beruf der Schneiderin der richtige für sie ist – bis sie im Rahmen der Betriebserkundung die Gelegenheit hat, eine moderne große Schneiderei zu besichtigen.

Zum Glück hatte Lena vor ihrem Besuch in der Schneiderei ihre eigenen Fähigkeiten und Neigungen sowie ihre Vorstellungen von ihrem späteren Arbeitsplatz erkundet. Dadurch wusste sie genau, worauf sie bei der Betriebserkundung achten musste. Als sie feststellt, dass ihre Vorstellungen vom Schneiderberuf nicht mit der Wirklichkeit übereinstimmen, bekommt sie große Zweifel an ihrem Wunschberuf.

Lena macht nun doch ein Praktikum bei einem Goldschmied. Auch hier braucht sie Fingerspitzengefühl für die Fertigung der Produkte. Als Goldschmiedin kann sie jedoch kreativ arbeiten, was in einer modernen großen Schneiderei kaum möglich ist, wie sie beobachten konnte.

Das Beispiel von Lena zeigt, dass es hilfreich ist, bei der Berufsorientierung nach einem persönlichen Plan vorzugehen (siehe Abbildung).

Schritt für Schritt zum Ziel

Um einen solchen Fahrplan zu erarbeiten, benötigst du ein Ziel und einzelne Stationen. Das Ziel ist ein Ausbildungsvertrag. Die einzelnen Stationen legen fest, wie du dorthin kommst. Wo und wann kannst du dich informieren? Wer hilft dir bei deiner Entscheidung? Wie verläuft das Bewerbungsverfahren?

> In einem Berufswahlfahrplan werden die wichtigsten Maßnahmen zur Berufswahlvorbereitung zeitlich geordnet eingetragen.

und Entscheiden >>>>	3. Station: Bewerbungsprozess >>>> Ausbildung	
der Wirklichkeit eines Berufes überein?	Über Lebenslauf und Bewerbungsschreiben bis hin zum Vorstellungsgespräch – auf alles gut vorbereitet sein!	
Eine Entscheidung treffen	**Vorbereiten und üben**	**Gezielt bewerben**
2. Praktikum: Entscheidung gegen das Praktikum als Schneiderin, stattdessen für eines bei einem Goldschmied	Lebenslauf und Bewerbung anhand von Mustern schreiben (in Verbindung mit dem Fach Deutsch)	Bewerbung auf einen konkreten Ausbildungsbetrieb abstimmen
Nach ausführlichen Recherchen zu Ausbildungsmöglichkeiten und einem weiteren Gespräch bei der Berufsberatung: Entscheidung für eine Ausbildung zur Goldschmiedin	Einstellungstests und Vorstellungsgespräche üben	Pünktlich und ausgeruht zu den jeweiligen Auswahlverfahren erscheinen

→ *Ende der Schulzeit*

Ziel: Ausbildung im Wunschberuf

Es gibt immer Stationen auf dem Weg zum Vertragsabschluss, die zeitlich ziemlich feststehen. So haben Bewerberinnen und Bewerber beispielsweise auf den Bewerbungszeitraum keinen Einfluss. Andere Maßnahmen müssen jedoch in den Berufswahlfahrplan eingeordnet werden.

Wichtige Stationen des Berufswahlfahrplans sind:

- das erste und zweite Betriebspraktikum,
- die Schulbesprechung mit der Berufsberatung,
- ein Besuch im Berufsinformationszentrum (BiZ),
- die Betriebserkundungen mit der Klasse,
- die Bewerbung.

Du musst aber auch Maßnahmen in deinem Berufswahlfahrplan vermerken, über die du selbst entscheidest. Solche persönlichen Stationen des Fahrplanes sind:

- individuelle Berufsberatungsgespräche bei der Bundesagentur für Arbeit,
- persönliche Gespräche in Betrieben, bei Kammern und Verbänden,
- zusätzliche Besuche im BiZ.

Es bietet sich an, den persönlichen Fahrplan auf ein großes Plakat zu schreiben, damit sich alle Punkte übersichtlich darstellen lassen.
Trotz aller Vorausschau können jedoch Veränderungen auftreten. Deshalb muss der Plan immer wieder aktualisiert werden.

1 Zeichne deinen persönlichen Berufswahlfahrplan. Lenas Berufswahlfahrplan (s. oben) bietet dir dafür eine Orientierung.

2 Sammle Informationen zu Ausbildungsmöglichkeiten in deinem Wunschberuf.

3 Nenne mögliche Alternativen zu deinem Wunschberuf.

4 Ermittle das aktuelle Vortragsangebot des BiZ in diesem Schulhalbjahr. Was würde dich interessieren?

★ 5 Erkundige dich bei Schülerinnen und Schülern der oberen Klassen, wo sie ihr Betriebspraktikum gemacht haben. Liste in einer Tabelle positive und negative Erfahrungen der Praktikanten auf.

Eine Bewerbung per E-Mail

Lebenslauf und Bewerbung

Die „Eintrittskarte" in dein neues Berufsleben ist deine Bewerbungsmappe. In jede Bewerbungsmappe gehören: das Anschreiben, ein Lebenslauf und alle Zeugnisse, Zertifikate u. a. Belege für deine erworbenen Qualifikationen. Früher hat man seine Bewerbung mit der Post verschickt. Heute wünschen sich die meisten Arbeitgeber eine Online-Bewerbung. Hier muss man vieles beachten.

Das Anschreiben

Mit dem Anschreiben versuchst du, den Arbeitgeber davon zu überzeugen, dich zu einem Vorstellungsgespräch einzuladen. Deshalb ist es wichtig, dir genau zu überlegen, was du schreibst.

> Das Anschreiben bringt deine persönliche Motivation zum Ausdruck. Du wirbst für dich!

Aus dem Anschreiben sollte deutlich hervorgehen, warum man insbesondere bei Arbeitgeber XY anfangen möchte. Lies dir die Stellenanzeige und die darin enthaltenen Anforderungen genau durch. Dann versuchst du, zu zeigen, dass du die gestellten Anforderungen erfüllst. In deinem Anschreiben solltest du aber nicht übertreiben.

> Je mehr du die Erwartungen von einem Arbeitgeber erfüllen kannst, desto größer sind die Chancen, eingeladen zu werden.

Für das Anschreiben gelten ganz bestimmte formale Anforderungen. Dazu gehören die Schriftgröße und die Betreffzeile. Vielfältige Tipps zum Anschreiben findest du zum Beispiel beim Bewerbungstraining der Internetseite planet-berufe.de.

Lisa: Ich habe für meine Bewerbungen eine extra email Adresse.
Daniel: Wofür denn den Quatsch, das wär mir zu viel Arbeit!
Lisa:: Ich finde es gar nicht so leicht, immer den richtigen Ansprechpartner herauszufinden.
Daniel: Man kann doch einfach „Sehr geehrte Damen und Herren schreiben".
Lisa: Hast du eigentlich schon den neuen „Acrobat Reader", mit dem man aus dem Lebenslauf und den Zertifikaten eine PDF-Datei machen kann?
Daniel: Also Lisa, ich kann mit meinem E-Mail Programm 15 Dateien gleichzeitig als Anhang versenden, sogar bis 50 MB.
Lisa: Ich habe nächste Woche zwei Einladungen zu Bewerbungsgesprächen.
Daniel: Ochh, echt?

Lisa und Daniel im Gespräch

Der Lebenslauf

Der Lebenslauf zeigt, was man in seinem Leben schon alles gemacht hat, welche Abschlüsse man besitzt und für welche Unternehmen man gearbeitet hat. Im Lebenslauf stehen aber auch (ernsthafte) Hobbies und ehrenamtliches Engagement.

> Der Lebenslauf ist das Spiegelbild deiner beruflichen und privaten Leistungen und wird als tabellarische Übersicht angefertigt.

Früher war es Arbeitgebern wichtig, dass man einen lückenlosen Lebenslauf vorweisen konnte. Ein lückenloser Lebenslauf gibt Auskunft über deine Schulaufbahn und deine beruflichen Tätigkeiten zu jedem Zeitpunkt in deinem Leben. Dazu gehört auch gegebenenfalls eine Dauer der Arbeitslosigkeit oder wenn du eine längere Zeit (mehrere Monate) im Ausland warst. Außerdem ist es Arbeitgebern wichtig, deinen Karriereweg zu erkennen. Arbeitgeber- und Berufswechsel, Umschulungen oder Auszeiten gehören immer mehr zum typischen Lebenslauf. Wichtig ist es, solche „Brüche" positiv zu „verkaufen".

Die wichtigsten Angaben

In den tabellarischen Lebenslauf gehören: Angaben zu deiner Person, deine Schulbildung, praktische Erfahrungen (Praktika, Ehrenämter), besondere Fähigkeiten und Kompetenzen, Hobbies, Datum und Unterschrift.

1. Lies die Online-Bewerbung und finde Fehler.

2. Lest den Dialog zwischen Daniel und Lisa mit verteilten Rollen und diskutiert, warum eine gute Bewerbung wichtig ist. Welche Schlussfolgerungen zieht ihr daraus?

★ 3. Fertigt eine Online-Bewerbung mit verschiedenen Fehlern an und mailt sie an einen Klassenkameraden. Untersucht die Bewerbung auf Fehler.

★ 4. Schreibt tabellarische Lebensläufe. Analysiert eure Lebensläufe in Partnerarbeit und macht (wenn sinnvoll) Verbesserungsvorschläge.

Fachinformatiker (m/w)
Fachrichtung Systemintegration

Hintergrund
Wir bieten Ihnen eine dreijährige fundierte praktische und fachtheoretische Ausbildung, die hauptsächlich Praxiseinsätze im Stammhaus in Berlin und in den bundesweiten Rechenzentren unseres Unternehmens mit sich bringt.
Die fachtheoretische Ausbildung findet im Großraum Berlin statt.
Ausbildungsort ist gemäß Ausbildungsvertrag Berlin.

Wir wünschen uns Bewerberinnen und Bewerber mit
- Allgemeiner Hochschulreife, Fachhochschulreife oder gutem mittlerem Bildungsabschluss,
- Englischkenntnissen,
- Interesse an moderner Informations- und Telekommunikationstechnik,
- Bereitschaft zur Teamarbeit,
- überregionaler Mobilität innerhalb der Ausbildung.

Senden Sie bitte Ihre Bewerbung per E-Mail unter Angabe der
Kennziffer: AZUBI/2013 an das
IT-Telekommunikationshaus
Team Aus- und Fortbildung, Ressestr. 104, 45657 Recklinghausen

Beispiel einer Stellenanzeige

Der eigene Weg: Bewerbungen schreiben

Wenn man sich in einem Unternehmen oder bei einer anderen Organisation bewirbt, muss man vieles beachten. Die Arbeitgeber schauen zuerst, ob man alle Anforderungen erfüllt. Deshalb ist es wichtig, sich Stellenanzeigen genau durchzulesen. Am besten fertigt man auch eine Liste an, auf der alles festgehalten wird, was man für seine Bewerbung braucht.

> Eine Checkliste enthält alles, was du bei einer guten Bewerbung beachten musst. Sie ist die Voraussetzung für eine erfolgreiche Bewerbung!

Marie hatte vergessen, eine Kopie ihres Zeugnisses beizulegen. Max hatte seine Bewerbung nicht unterschrieben und zu viele Rechtschreibfehler gemacht. Ein Experte kommentierte: „Solche Bewerbungen werden in der Regel gleich aussortiert. Wer die Mindestkriterien nicht erfüllt, hat keine Chance, zu einem Gespräch eingeladen zu werden." Marie möchte nicht noch einmal solch einen Fehler machen und befragt deshalb den Experten, wie man eine perfekte Bewerbung schreibt.

Gespräch mit einem Bewerbungsexperten

Marie: „Können Sie mir sagen, wie man eine perfekte Bewerbung schreibt?"
Experte: „Das ist eine gute Frage! Ganz wichtig ist es, sich über das Unternehmen und die ausgeschriebene Stelle zu informieren."
Marie: „Wie mache ich das?"

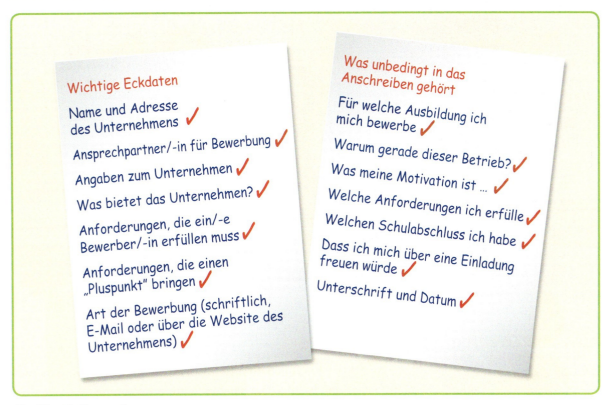

Checkliste Stellenanzeige

Experte: „Ein Blick auf die Homepage des Unternehmens ist hilfreich."
Marie: „Und dann?"
Experte: „Ganz wichtig ist es, seine eigenen Stärken und Schwächen zu kennen und zu wissen, was man will."
Marie: „Warum ist das wichtig?"
Experte: „Das Unternehmen möchte dich als Persönlichkeit kennenlernen und den Eindruck haben, dass du genau zu ihnen passt."
Marie: „Wie mache ich so etwas?"
Experte: „Zeige mit deiner Bewerbung, dass du das Unternehmen kennst, gut findest und eine tatkräftige Mitarbeiterin wärest."
Marie: „Das zu schreiben, finde ich aber ganz schön schwierig."
Experte: „Dann helfe ich mal mit einem Beispiel. Das Unternehmen sucht jemanden mit einem eigenen Kopf. Dann kannst du schreiben, dass du in deinem Fußballverein Mannschaftskapitänin bist und der Trainer auch Wert auf deine Meinung und dein Engagement legt."
Marie: „Danke für das Gespräch."

> Du wirbst für dich: Deine Bewerbung ist wie eine Visitenkarte: Sie öffnet dir Türen!

1 Suche aus der Stellenanzeige alle für eine Bewerbung wesentlichen Informationen heraus.

★ 2 Verfasse für die Stellenanzeige eine Bewerbung mit Anschreiben, Lebenslauf und Zeugnissen.

★ 3 Qualitätscheck Bewerbung: Fertige eine Tabelle an, mit der du alles abhaken kannst, was du für eine Bewerbung brauchst. Vergleiche mit deiner/deinem Nachbarin/Nachbarn und ergänze deine Liste.

★ 4 Jeder liest sich vier Bewerbungen durch und fertigt eine Hitliste an. Begründe, warum du eine bestimmte Bewerbung am besten findest.

Wer bist du, was kannst du?

Auswahlverfahren

Für Unternehmen ist die Auswahl von qualifizierten und guten Mitarbeitern sehr wichtig. Deshalb verwenden sie auf den Auswahlprozess viel Zeit und setzen unterschiedliche Verfahren und Methoden ein, um die/den beste/-n Mitarbeiter/-in zu gewinnen. Aber auch für euch ist es wichtig zu erfahren, ob das Unternehmen, bei dem ihr euch beworben habt, euren Vorstellungen entspricht.

> Mit Auswahlverfahren versucht man, die/den Mitarbeiter/-in zu finden, die/der am besten zum Unternehmen und den Anforderungen des Arbeitsplatzes passt.

Das Auswahlinterview

Das beliebteste Auswahlverfahren ist das Auswahlinterview. Dafür gibt es viele Namen: Bewerbungsgespräch, Einstellungsgespräch, Vorstellungsgespräch usw. Die Interviews finden meist zwischen dem Personalleiter, einem Fachvorgesetzten und der Bewerberin/dem Bewerber statt. Manchmal werden auch gleichzeitig mehrere Bewerber interviewt. Das Unternehmen möchte in solch einem Gespräch herausfinden, ob man wirklich motiviert ist und warum man sich bei ihrem Unternehmen beworben hat. Es soll aber auch dem Bewerber die Chance geben, sich über das Unternehmen zu informieren: Wie viel Geld werde ich verdienen? Wie sind meine Arbeitszeiten? Arbeite ich im Team? Gibt es einen Ausbildungsplan? Dem Interviewverfahren wird häufig vorgeworfen, dass es nicht objektiv genug wäre.

> Der Eindruck, den du beim Auswahlinterview hinterlässt, entscheidet zu einem großen Teil über deine Chancen, deinen Wunschberuf zu erlernen.

Das Assessment-Center

Große Unternehmen, die sehr viele Auszubildende einstellen, nutzen häufig Assessment-Center (AC), um ihre Bewerberauswahl zu optimieren. Das Assessment-Center ist ein Verfahren, bei dem über ein bis zwei Tage verteilt die Bewerber verschiedene Aufgabenstellungen bearbeiten müssen. Häufig werden Rollenspiele zur Teamfähigkeit durchgeführt oder knifflige Problemstellungen vorgelegt. Aber auch Tests und Vorstellungsgespräche sind oft ein Bestandteil. Bei Assessment-Centern schneiden häufig Personen gut ab, die besonders redegewandt sind und sich gut präsentieren können.

1. Welche positiven Aspekte haben Tests?	2. Welche negativen Aspekte haben Tests?
☑ Tests sind besonders objektiv.	☑ Tests sagen wenig über das wirkliche Verhalten im Beruf aus!
☐ Tests zeigen, ob du intelligent bist oder nicht.	☐ Tests sind langweilig.
☑ Leistungstests sind gut geeignet, um bestimmte Fähigkeiten zu prüfen (z. B. mathematische Kenntnisse).	☑ Menschen mit Prüfungsangst haben es bei Tests schwerer.
☑ Mit Tests kann man sehr viele Bewerber in kurzer Zeit beurteilen.	☑ Bei Tests wird auf deine individuellen Fähigkeiten und Probleme keine Rücksicht genommen.

Vor- und Nachteile von Tests

Phasen einer Bewerbung

Tests

Verschiedene Testarten sind weitere Verfahren, die man nutzt, um Fähigkeiten und Fertigkeiten von Bewerberinnen und Bewerbern abzuprüfen. Leistungstests dienen beispielsweise der Überprüfung mathematischer oder sprachlicher Vorkenntnisse. Sie können jedoch nicht zeigen, ob eine Bewerberin später im Betrieb in der Lage ist, konkrete Probleme zu lösen.

> Tests überprüfen die Fertigkeiten und Fähigkeiten der Bewerber/-innen. Sie sind neben den Bewerbungsunterlagen wichtige Entscheidungshilfen für den Arbeitgeber.

Psychologische Tests versuchen, die Persönlichkeit eines Bewerbers ans Licht zu bringen. Mit solchen Tests kann man feststellen, ob jemand belastbar ist oder ob bei ihm ein bestimmter Charaktertyp ausgeprägt ist. Solche Charaktertypen können beispielsweise der „Autoritätstyp" oder der „Teamplayer" sein. Dabei kann man nicht sagen, dass der eine Typ besser wäre als der andere; beide werden gebraucht. Für das Unternehmen ist es wichtig, die/den für die zu besetzende Stelle passende/-n Bewerber/-in zu finden.

1 Diskutiert die Vor- und Nachteile der vorgestellten Auswahlverfahren.

2 Entwickelt in Dreier-Teams Aufgaben, die zeigen, ob jemand teamfähig ist, und testet sie in der Klasse.

3 Übe das Lösen von Testaufgaben. Nutze dazu das Material der Arbeitsagentur: http://www.arbeitsagentur.de/zentraler-Content/Veroeffentlichungen/Sonstiges/Orientierungshilfe.pdf

★ 4 Mache Vorschläge, um die Objektivität eines Auswahlinterviews zu erhöhen.

★ 5 Ladet eine Personalchefin oder einen ehemaligen Schüler zu einem Expertengespräch in die Klasse ein.

2 Das kann ich!

A Mein Profil

B Gespräch mit einem Experten

Vorbereitung
→ **Ich mache mir Notizen.**

- Wie habe ich mich bisher auf das Thema vorbereitet?
- Welche Anforderung habe ich an meinen „Traumberuf"?
- Habe ich schon konkrete Berufsvorstellungen oder noch keine Ahnung?
- Wo habe ich ein Praktikum absolviert?
- Welche Informationen benötige ich noch und welche Fragen möchte ich stellen?
- Wo finde ich die Berufsberatung und wo bekomme ich einen Termin?

Durchführung
→ **Ich bin gut vorbereitet.**

- Zettel, Stift, Zeugnis und Vorbereitungsfragen habe ich dabei.
- Ich werde wohl zunächst meine Interessen und evtl. meine Berufsvorstellung formulieren müssen.
- Ich traue mich, meine Fragen zu stellen.
- Wenn mir während des Gesprächs eine Frage einfällt oder ich etwas nicht verstehe, frage ich sofort nach.
- Ich spreche in einem freundlichen Ton.

Auswertung
→ **Auch hier helfen mir Notizen …**

- Wurden alle Fragen zu meiner Zufriedenheit beantwortet?
- Welche Schritte wurden bei der Berufsberatung geplant?
- Welche Fragen sind offen geblieben und wie kann ich sie beantworten?

C Pro und kontra Frauenquote

Pro Frauenquote
In einigen europäischen Ländern liegt der Anteil von Frauen in Führungspositionen deutlich über dem deutschen Durchschnitt. Unvorteilhaft ist diese Situation, wenn man bedenkt, dass Firmen mit gemischten Führungen bessere Ergebnisse erzielen und auch deutlich innovativer sind. Innovation ist ein wichtiger Schlüsselfaktor im Wettbewerb der Industrienationen.

Kontra Frauenquote
Die Einführung einer Quote würde ohne Zweifel mehr Frauen in Führungspositionen bringen. Die Quote ist allerdings mit verschiedenen Gefahren verbunden: dem Generalverdacht der „Quotenfrau" und einem Mangel an möglichen Kandidatinnen.

D Auf die richtige Berufsberatung kommt es an!

Wichtige Begriffe
Kompetenzen
Eignungstests
Berufsfelder
Big Five
Persönlichkeitsprofil
BiZ
Soft Skills
duale Ausbildung
Assessment-Center

Wissen und erklären
1 Erklärt euch gegenseitig die wichtigen Begriffe.
2 Was gehört alles in eine Bewerbung?
3 Wo erhält man Informationen rund um die Berufswahl? Fertige eine Mindmap an.

Informationen beschaffen und auswerten
4 Bereite dich mithilfe der Tipps in (B) auf ein Berufsberatungsgespräch vor. Führt das Berufsberatungsgespräch als Rollenspiel im Unterricht durch.
5 Informiere dich auf planet-berufe.de über verschiedene Berufe und bereite zu deinem Berufswunsch eine Präsentation vor.
6 Recherchiere, welche Arbeitgeber in deiner Stadt/Region deinen Lieblingsberuf anbieten.

Beurteilen, entscheiden und handeln
7 Profilanalyse: Fertige von dir eine Collage an, was du schon kannst, was du noch lernen willst und was du auf keinen Fall in der Ausbildung erleben möchtest (A).
8 Lies das Pro und Kontra zur Frauenquote und finde weitere Argumente, die du mit deinem Partner diskutierst (C).
9 Werte die Karikatur aus (D).

Stationenarbeit: "Mein Weg in den Beruf!"

Immer mehr Jugendliche wissen nicht, was sie in der Ausbildung erwartet! Zum Beispiel wissen sie nicht, welche Pflichten man als Auszubildende oder Auszubildender hat oder wie ein Ausbildungsvertrag aussieht. Deshalb sollt ihr zu Experten ausgebildet werden, die Jugendliche gut beraten können. Wenn ihr alle Stationen durchlaufen habt, könnt ihr euch „Azubi-Berater" nennen.

Und so geht ihr vor:

1. An den Stationen „schnuppern"
Ehe es richtig losgeht, stellt die Lehrerin bzw. der Lehrer euch alle Stationen vor und ihr könnt Fragen zu den Arbeitsaufträgen stellen.

2. Zum Experten werden
Jetzt geht es los! Es gibt drei Pflichtstationen und zwei Wahlstationen sowie eine Pausenstation. Die Pflichtstationen musst du bearbeiten. Aus den Wahlstationen kannst du dir eine aussuchen. Du bleibst nur so lange an einer Station, bis du die Aufgabe gelöst hast. Wenn du eine Pause brauchst, gehst du einfach an die Pausenstation!

3. Hilfestellung geben
Wenn du etwas nicht verstehst, kannst du jederzeit die Lehrerin bzw. den Lehrer fragen oder Mitschüler/-innen. Wenn du alle Stationen geschafft hast, kannst du deine Mitschüler/-innen unterstützen.

4. Auswertung
Diskutiert in der Klasse gemeinsam eure Ergebnisse.

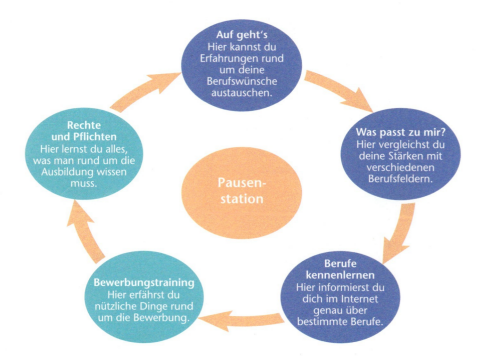

Zukunft von Arbeit

3

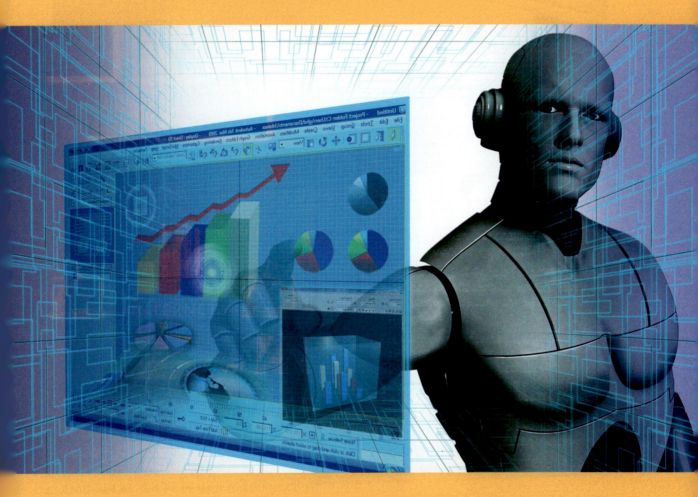

Es kommt nicht darauf an, die Zukunft vorauszusagen,
sondern auf die Zukunft vorbereitet zu sein.

Perikles
griechischer Staatsmann (500–429 v. Chr.)

Vorteile mobil zu sein	Nachteile mobil zu sein
• Ich mache den Beruf, der mir Spaß macht. • Meine Familie behält ihr gewohntes Umfeld. • Ich verdiene mehr Geld. • Mein Freundeskreis bleibt erhalten.	• Das Fahren ist belastend. • Ich habe zu wenig Zeit für meinen Partner. • Ich vernachlässige meinen Freundeskreis. • Ich habe zu wenig Zeit für meine Kinder.

Vor- und Nachteile der Mobilität

Chancen und Risiken in einer sich wandelnden Arbeitswelt

In den 1970er-Jahren hat ein Chef einer großen Firma den Satz gesagt, dass niemand zu Hause einen Computer haben möchte. Heute sind Computer aus dem Alltags- und Berufsleben nicht mehr wegzudenken. Die Informations- und Kommunikationstechnologie entwickelt sich rasend schnell und verändert unsere Arbeitswelt. Mit diesen Veränderungen sind viele Chancen, aber auch Risiken verbunden.

> Eine sich immer schneller verändernde Arbeitswelt bietet dir viele Chancen, aber bringt auch Risiken mit sich. Du solltest sie kennen!

Die Arbeitswelt wandelt sich durch ständige Innovationen. Innovationen kann es bei Produkten wie Tablets geben. Innovationen können aber auch Verfahren oder sogar Prozesse betreffen. Es gibt z. B. computergestützte Verfahren, mit denen kleinste Fehler in der Produktion gefunden werden können.

Chance technische Innovationen

Die Zeitspannen, in denen technische Innovationen entwickelt werden, verkürzen sich ständig. So helfen beispielsweise immer bessere Computerprogramme dabei, Herstellungsprozesse (z. B. von Autos) zu verbessern und Fehler zu minimieren. Das erspart Arbeitszeit und Kosten.

Risiko technische Innovationen

Einige von euch haben vermutlich ein Smartphone. Damit kann man nicht nur zu Facebook gehen. Es bietet auch die Möglichkeit, E-Mails abzurufen, Texte zu verbessern, eine Internetrecherche durchzuführen usw. Der Vorteil ist, praktisch von überall arbeiten zu können. Das ist aber auch ein Risiko. Die ständige Erreichbarkeit kann zu Erkrankungen führen.

> Innovationen sind Neuerungen, die aufgrund von Ideen entwickelt wurden und z. B. zu neuen Produkten führen.

In einer Keksfabrik

Teamarbeit – immer wichtiger

Gefahr: Burnout

Mehr Freiheiten durch „elektronische Helfer"

Risiko demografischer Wandel
„Demografischer Wandel" bedeutet, dass sich die Anteile der Altersgruppen in einer Gesellschaft ändern.

> In der Zukunft müssen immer weniger junge Menschen für immer mehr alte Menschen sorgen. Das bezeichnet man als „demografischen Wandel".

Für Deutschland bedeutet das konkret, dass es immer mehr alte und immer weniger junge Menschen gibt. Die Gefahr dabei ist ein zukünftiger Mangel an Fachkräften. Außerdem wird es immer schwieriger, die Rente zu finanzieren. Deshalb müssen Menschen in Deutschland immer länger arbeiten.

Chance Mobilität
Für die meisten Länder der Europäischen Union gilt das Prinzip der Freizügigkeit. Das bedeutet, dass man sich überall in der EU niederlassen und arbeiten darf. Dies führt schon heute dazu, dass immer mehr gut qualifizierte junge Menschen aus Europa nach Deutschland kommen. Kommen zusätzliche Fachkräfte nach Deutschland, kann der demografische Wandel vorteilhaft verändert werden. Allerdings hat Mobilität auch Nachteile – beispielsweise wenn man viel pendeln muss.

1 Beobachte dein Handyverhalten. Notiere zwei Tage lang, wann und wofür du dein Handy benutzt hast. Diskutiert in Kleingruppen anhand der Beobachtungen die Vor- und Nachteile von Handys.

2 Mobilität und Arbeit – welche Vor- und Nachteile kann es haben, mobil zu sein? Nimm dazu Stellung.

★ 3 Der Wandel der Arbeitswelt bietet Chancen und Risiken. Fertige dazu eine Mindmap an.

Die neuen Wohlstandsindikatoren:
- BIP pro Kopf/Veränderungsrate des BIP pro Kopf
- Einkommensverteilung
- Schuldenstandsquote
- Beschäftigungsquote
- Lebenserwartung
- Abschlussquote im Sekundarbereich II
- die deutschen Treibhausgasemissionen
- die deutsche Rate des Biodiversitätsverlusts
- die deutsche Stickstoffbilanz

Der neue Wohlstand

Strukturwandel und neue Trends aus gesamtwirtschaftlicher Sicht

Jonas fragt seinen Vater, was „Strukturwandel" bedeutet. Er soll morgen ein Referat über den Strukturwandel im Ruhrgebiet halten. Sein Vater antwortet, Strukturwandel sei, wenn kein Bergarbeiter mehr Arbeit hätte. Er möchte damit sagen, dass man von einem „strukturellen Wandel" spricht, wenn sich die wirtschaftlichen Verhältnisse in einer ganzen Region (z. B. im Ruhrgebiet) oder in einem ganzen Land verändern.

> Strukturwandel ist eine tief greifende Veränderung von Wirtschaftsbereichen im Laufe eines kurzen Zeitraums.

Besonders gut sichtbar wird der Strukturwandel, wenn man die letzten 150 Jahre in Deutschland betrachtet. Früher arbeiteten die meisten Menschen in der Landwirtschaft, einige in der Industrie und nur ganz wenige im Dienstleistungsbereich. Im Jahr 2012 war das genau umgekehrt: Inzwischen arbeiten die meisten Menschen im Dienstleistungsbereich. Strukturwandel gibt es aber auch in anderen Bereichen.

Wohlstandsmessung

Der Wohlstand eines Landes wurde bisher daran gemessen, wie viele Güter dort innerhalb eines Jahres produziert und wie viele Dienstleistungen erbracht wurden. Dies nennt man das „Bruttoinlandsprodukt" (BIP).

> Das BIP ist der Gesamtwert aller produzierten Güter und Dienstleistungen, die in einem Land innerhalb eines Jahres hergestellt bzw. erbracht werden.

Viele Wissenschaftler sind der Meinung, dass diese Art der Messung nicht mehr ausreicht, um den Wohlstand in einem Land zu spiegeln. Das liegt daran, dass zum Beispiel Gesundheit oder soziale Kontakte und Bildung für Menschen genauso wichtig sind wie ein sicheres Einkommen. Deshalb soll in Zukunft auch betrachtet werden, wie ökologisch sich ein Land verhält (siehe Grafik oben).

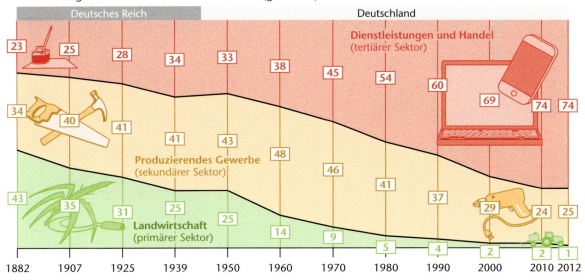

Erwerbstätige nach Wirtschaftsbereichen in % (gerundet)

Wirtschaftsbereiche nach Sektoren

Arbeit in einer nachhaltigen Gesellschaft

Der Energiebedarf wächst jedes Jahr. Kohle, Erdöl und Gas waren lange Zeit die wichtigsten Brennstoffe zur Energiegewinnung. Der steigende Energiebedarf führte zu einem Aufbrauchen dieser nicht erneuerbaren (fossilen) Brennstoffe.

> Die Energiegewinnung mit fossilen Brennstoffen wie Kohle, Erdöl oder Gas produziert klimaschädliches Kohlenstoffdioxid und heizt den Klimawandel an.

Der Klimawandel und die knapper werdenden Brennstoffe verlangen ein Umdenken bei der Energiegewinnung. Man spricht in Deutschland deshalb von einer „Energiewende". Die Energiewende bedeutet einen großen Wandel bei der Energiegewinnung und -versorgung. In Zukunft soll Energie nicht mehr durch Atomkraft- und Kohlekraftwerke, sondern durch Wind, Sonne oder Wasserkraft gewonnen werden. Zum Beispiel werden mitten in der Nordsee große Windkraftanlagen errichtet. Sie werden „Offshore-Windparks" genannt (weil sie sich jenseits der Küste befinden).

> Energiewende bedeutet, fossile Brennstoffe durch erneuerbare Energien, wie Wind, Wasser und Sonnenenergie, zu ersetzen.

Wind- und Sonnenenergie, Wasserkraft oder nachwachsende Rohstoffe stehen entweder unbegrenzt zur Verfügung oder erneuern sich von selbst. Deshalb spricht man von „erneuerbaren Energien". Infolge der Energiewende gehen Arbeitsplätze verloren – z. B. in der Atomindustrie. Andererseits entstehen auch viele neue Arbeitsplätze.

1 Was bedeuten die Begriffe primärer, sekundärer und tertiärer Wirtschaftssektor? Finde Beispiele für alle drei Wirtschaftssektoren.

★ 2 Klassenprojekt: Richtet eine Ausstellung zum Thema „Arm und Reich in Deutschland" ein. Recherchiert im Internet anhand der neuen Wohlstandsindikatoren die Situation in Deutschland und fertigt zu den einzelnen Indikatoren Plakate an.

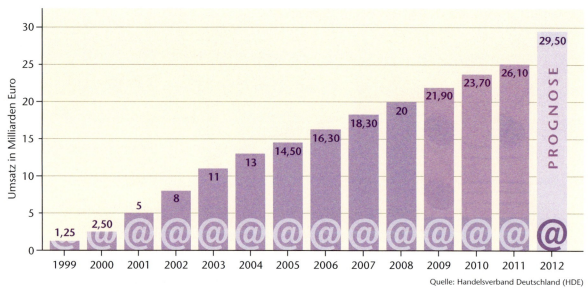

Entwicklung im deutschen Internethandel
Quelle: Handelsverband Deutschland (HDE)

Strukturwandel und neue Trends in Fallbeispielen

Der Strukturwandel kann viele verschiedene Ursachen haben. Technologischer Fortschritt, globaler Wettbewerb, veränderte Einkommens- und Bedürfnisstrukturen, aber auch ökologische Veränderungen führen zu einer gesellschaftlichen Veränderung. Bis in die 1960er-Jahre boomte der Steinkohlenbergbau im Ruhrgebiet. Dann war auf einmal Schluss. Wie konnte es dazu kommen? Andere Länder wie China und die USA bauen ebenfalls Steinkohle ab. Da die Transportkosten aufgrund größerer Schiffe immer günstiger wurden und auch die Förderkosten geringer waren, konnte die deutsche Steinkohle nicht mehr mithalten. Damit begann ein „Zechensterben".

Der Strukturwandel hat immer Gewinner und Verlierer. Strukturwandel bedeutet immer eine Veränderung und kann schmerzhafte Auswirkungen für die betroffenen Menschen mit sich bringen.

Der Wandel der Medienlandschaft: vom Zeitungspapier zum E-Paper

Bis vor wenigen Jahren ging man zum Kiosk, um sich eine auf Papier gedruckte Tageszeitung zu kaufen. Wenn die Zeitung nicht (täglich) gekauft werden sollte, bot sich eine Lieferung nach Hause (ein so genanntes „Abonnement") an. Heute befinden sich die Printmedien (gedruckte Erzeugnisse) in einem tief greifenden Strukturwandel.

> „Printmedien" ist ein Sammelbegriff für alle auf Papier gedruckten Medien (z. B. Zeitschriften, Zeitungen oder Broschüren).

Smartphones, Tablets, E-Book-Reader haben die Möglichkeit, aktuelle Nachrichten und Reportagen zu lesen, komplett verändert. Zeitungen erhält man nun (auch) als E-Paper. Aktuelle Nachrichten gibt es inzwischen als App von unterschiedlichen Nachrichtenanbietern. Die Nachrichten sind meist „brandaktuell" und man kann sie über soziale Netzwerke mit Freunden teilen und diskutieren. Die Firmen geben mittlerweile mehr Geld für Werbung im Internet als für Werbung in den Printmedien aus. Dies führt dazu, dass es immer weniger Leser/-innen einer gedruckten Zeitung gibt, die Werbeeinnahmen zurückgehen und die Zeitung wirtschaftlich bedroht ist.

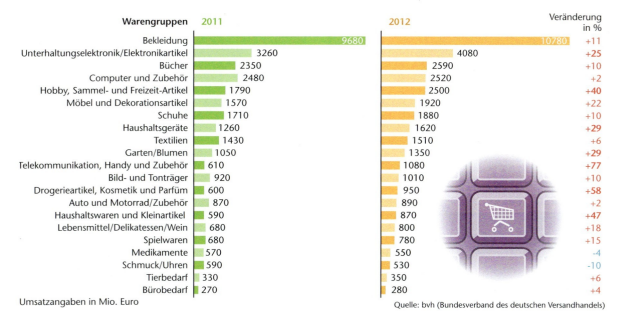

Warengruppen	2011	2012	Veränderung in %
Bekleidung	9680	10780	+11
Unterhaltungselektronik/Elektronikartikel	3260	4080	+25
Bücher	2350	2590	+10
Computer und Zubehör	2480	2520	+2
Hobby, Sammel- und Freizeit-Artikel	1790	2500	+40
Möbel und Dekorationsartikel	1570	1920	+22
Schuhe	1710	1880	+10
Haushaltsgeräte	1260	1620	+29
Textilien	1430	1510	+6
Garten/Blumen	1050	1350	+29
Telekommunikation, Handy und Zubehör	610	1080	+77
Bild- und Tonträger	920	1010	+10
Drogerieartikel, Kosmetik und Parfüm	600	950	+58
Auto und Motorrad/Zubehör	870	890	+2
Haushaltswaren und Kleinartikel	590	870	+47
Lebensmittel/Delikatessen/Wein	680	800	+18
Spielwaren	680	780	+15
Medikamente	570	550	-4
Schmuck/Uhren	590	530	-10
Tierbedarf	330	350	+6
Bürobedarf	270	280	+4

Umsatzangaben in Mio. Euro

Quelle: bvh (Bundesverband des deutschen Versandhandels)

Umsatz des interaktiven Handels in Deutschland

Neue bunte Einkaufswelt Internet

Noch vor einigen Jahren konnte man fast alles nur in Geschäften kaufen. Kleidung, Schuhe, Fernseher – am Wochenende gingen viele einkaufen. In den letzten Jahren hat sich das Internet überaus schnell entwickelt. Vor allem haben sich die Möglichkeiten, große Datenmengen zu übertragen, äußerst stark erweitert. Dies hat zur Folge, dass es kein Problem mehr ist, über das Internet jede Art von Produkten zu kaufen. Es gibt fast nichts, was man nicht im Internet kaufen kann. So genannte „Vergleichsportale" helfen den Verbrauchern dabei, den günstigsten Anbieter zu finden.

Wer im Internet kauft, muss aber auch aufpassen. Beispielsweise wächst die Internetkriminalität weltweit sehr schnell. Ohne dass man es merkt, hat man beispielsweise einen Abo-Vertrag abgeschlossen oder seine Kontodaten preisgegeben. Auch große Internetkonzerne geben manchmal die Daten ihrer Kunden an andere Firmen weiter, ohne dass die Betroffenen davon etwas wissen.

Für den Verbraucher hat die Möglichkeit, im Internet einkaufen zu können, viele Vorteile. Auch für die Anbieter von Waren ist das Internet interessant. Im Laufe der Jahre sind viele kleinere Unternehmen entstanden, da jeder seine Produkte ohne übergroßen Aufwand im Internet anbieten kann.

> Das Internet hat unser Einkaufsverhalten stark verändert.

1. Welche Folgen kann der zunehmende Online-Handel für die Beschäftigten im Einzelhandel haben? Diskutiert Probleme und Vorteile.

★ 2. Welche Vor- und Nachteile haben die technologischen Entwicklungen im Internet für Verbraucher und Beschäftigte? Fertige eine Pro-und-Kontra-Liste an.

3. Recherchiere in Online-Zeitschriften neueste Entwicklungen im Internet. Stelle dein Ergebnis auf einem Plakat dar.

4. Fertige eine Mindmap zum Strukturwandel im Einzelhandel an.

Autos – früher und heute

Veränderungen in ausgewählten Berufsfeldern – Beispiele

Ein Merkmal unserer Zeit ist, dass Veränderungen immer schneller erfolgen. Der technologische Wandel führt dazu, dass in immer kürzeren Zeitabständen neue Technologien entwickelt werden, welche auch die Arbeitswelt verändern.

> Technische Erneuerungen entstehen in immer kürzeren Zeitabständen. Dadurch verändert sich auch deine Arbeitswelt.

Das Zusammenspiel von Arbeit, Mensch und Technik hat einen großen Einfluss auf bestimmte Berufsfelder, wie die folgenden Beispiele zeigen.

Mehr Elektronik im Auto

Jonas und Paul machen eine dreijährige Ausbildung zum Mechatroniker. Jonas ist bei einem großen Automobilhersteller beschäftigt. Sein Freund Paul absolviert seine Ausbildung in einer kleinen Kfz-Werkstatt. Die Aufgaben eines Mechatronikers teilen sich in die zwei Gebiete: Mechanik und Elektronik. Jonas muss alle Produktionsanlagen sowie -systeme instand halten und warten. Dazu gehören heute vor allem Roboter, welche in der Autoproduktion eingesetzt werden. Paul repariert hauptsächlich Autos. In beiden Ausbildungsfirmen hat sich viel verändert.

Wenn man vor 40 Jahren in den Motor eines Autos blickte, war das sehr „übersichtlich". Autos funktionierten vorwiegend mechanisch und benötigten nur wenig Elektronik. Deshalb hieß die Ausbildung früher „Automechaniker".

> Neue Technologien und Anforderungen führen zu einem Wandel der Berufsbilder.

Veränderungen – auch in der Tourismusbranche

Von der Reiseverkehrskauffrau zur Tourismuskauffrau

Annika möchte – wie schon ihre Mutter – einen Beruf erlernen, der viel mit Kundenkontakt und Reisen zu tun hat. Annikas Mutter arbeitet halbtags in einem Reisebüro in der Fußgängerzone. Die Auftragslage ging in den letzten Jahren ständig zurück. Wenige ältere „Stammkunden" kommen weiterhin zu ihr und lassen sich von ihr beraten. Der Inhaber des Reisebüros kann nur noch mit Mühe die hohen Kosten für die Miete und die Angestellten erwirtschaften. Er befürchtet, sein Reisebüro bald schon aufgeben zu müssen.
Eigentlich ist das überraschend, denn die Tourismusbranche wächst schon lange und immer noch. Gegenwärtig beträgt in Deutschland der jährliche Umsatz in diesem Bereich rund 25 Milliarden Euro.
Annikas Ausbildungsbetrieb ist im Zeitalter der Computertechnologie angekommen. Dort gibt es große interaktive Bildschirme, wo den Kunden beispielsweise Besonderheiten ihres Reisegebietes erklärt werden können. Denn auch in Zeiten von Internet-Buchungen wollen einige Kunden nicht auf eine gute Beratung verzichten.

> Die Bedeutung der Computertechnologie und des Internets nimmt für immer mehr Berufe zu.

1 Wieso gibt es die Berufsausbildung zum „Automechaniker" nicht mehr? Erkläre den Wandel der Berufsbezeichnungen.

2 Nenne Berufe, die sich aufgrund von technischen Entwicklungen gewandelt haben. Beschreibe die Veränderungen.

★ 3 Was könnte ein Reisebüro tun, um zu vermeiden, dass seine Kunden ihren kompletten Urlaub selbst über das Internet buchen?

★★ 4 Wie arbeiten wir in 30 Jahren? Fertigt im Team Szenarien zur Zukunft der Arbeit an (siehe Methodenseite).

Leiharbeiter

Veränderungen der beruflichen Arbeitszeiten

Geringqualifizierte haben es immer schwerer, Arbeit zu finden. Eine weitere Veränderung der Arbeitswelt, die nicht nur positive Effekte hat, ist die Zunahme der Zeitarbeit.

> Zeitarbeit bedeutet, bei einem Unternehmen zu arbeiten, welches deine Arbeitskraft an andere Unternehmen weitergibt.

Der „flexible Peter"

Peter ist gelernter Elektriker. Er wohnt mit seiner Freundin zusammen, die bald ein Kind erwartet. Peter wollte immer gern in der Region bleiben, in der er aufgewachsen ist. Auch seine Freundin ist bodenständig. Sie arbeitet in einem Krankenhaus als Kinderkrankenschwester. Zwei Jahre lang fand Peter keine Arbeit. Dann kam ein Angebot von einer Zeitarbeitsfirma.

Zeitarbeitsfirmen vermitteln für eine bestimmte Dauer Arbeitskräfte aus allen Bereichen an andere Firmen. Für die Arbeitsvermittlung erhält die Zeitarbeitsfirma Geld von dem Unternehmen, in dem Peter dann arbeiten muss.

Mittlerweile hat er in drei Jahren schon für acht verschiedene Firmen gearbeitet. Manche Kollegen sind sehr nett zu ihm. Häufig hat er jedoch auch das Gefühl, wie ein Arbeitnehmer „zweiter Klasse" behandelt zu werden. Peter verdient auch deutlich weniger Geld als seine Kollegen, die fest angestellt sind.

Bisher hatte Peter Glück, denn er war immer in derselben Region beschäftigt. Ob das so bleibt, weiß er nicht. Am liebsten würde Peter für einen Handwerksbetrieb in der Nähe arbeiten, damit er mehr Zeit für seine Familie und seine Freunde hat.

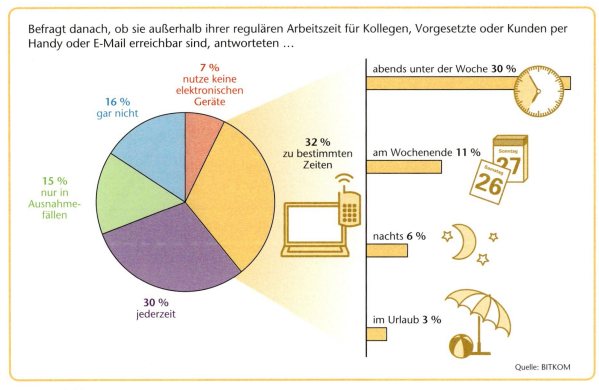

Immer erreichbar

Vanessa „ganz mobil"

Vanessa sitzt gerade auf dem Spielplatz. Ihr dreijähriger Sohn buddelt glücklich im Sand. Über ihr Smartphone checkt sie die E-Mails von ihrem Arbeitgeber. Vanessa ist Industriekauffrau und arbeitet für einen großen Automobilzulieferer. Sie muss heute noch drei Kundengespräche führen. Das macht sie aber lieber später von zu Hause, wenn ihr Mann von der Frühschicht kommt und sie mehr Ruhe hat. Außerdem muss sie noch fünf Bestellungen aufgeben und drei vergleichende Angebote für ein Konferenzmeeting einholen. Schnell hat sie über ein Internetportal drei Angebote zusammen. Den Link schickt sie an ihren Vorgesetzten. Vanessa hat sich mit ihrem Arbeitgeber geeinigt, dass sie zwei Tage in der Woche von zu Hause aus arbeiten kann. Man nennt das „Vertrauensarbeitszeit".

Ihr Vorgesetzter ist mit der Arbeit von Vanessa sehr zufrieden. Eventuell will er die Vertrauensarbeitszeit sogar ausweiten.

„Vertrauensarbeitszeit" heißt, dass man nicht im Büro anwesend sein muss, sondern von zu Hause aus arbeiten kann.

1 Warum arbeiten Männer und Frauen in der Zeitarbeit in unterschiedlichen Bereichen?

2 Definiere: Was ist Zeitarbeit? Arbeite Vor- und Nachteile heraus.

★ 3 Ständige Erreichbarkeit – welche Vor- und Nachteile hat es, ständig erreichbar zu sein? Diskutiert darüber in Kleingruppen.

4 Werte die Karikatur aus.

★ 5 „Mein Tag" – führt ein Protokoll darüber, wie oft und wie lange ihr im Internet seid oder etwas mit dem Handy macht. Wann habt ihr wegen eurer Handys eine andere Tätigkeit unterbrochen und wann nicht?

3 Das kann ich!

A Aus dem „Tagebuch eines Geringqualifizierten"

Ein Tag bei Sommers:

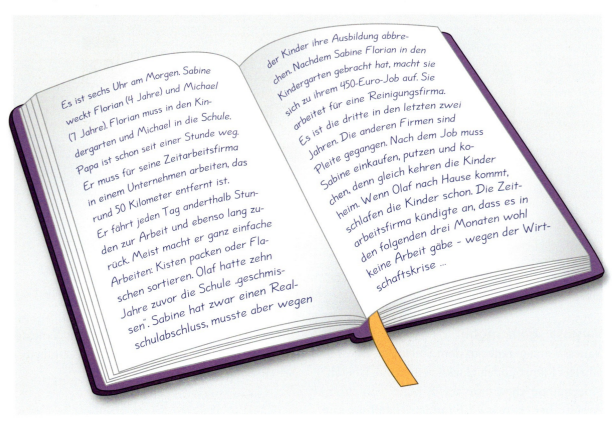

Es ist sechs Uhr am Morgen. Sabine weckt Florian (4 Jahre) und Michael (7 Jahre). Florian muss in den Kindergarten und Michael in die Schule. Papa ist schon seit einer Stunde weg. Er muss für seine Zeitarbeitsfirma in einem Unternehmen arbeiten, das rund 50 Kilometer entfernt ist. Er fährt jeden Tag anderthalb Stunden zur Arbeit und ebenso lang zurück. Meist macht er ganz einfache Arbeiten: Kisten packen oder Flaschen sortieren. Olaf hatte zehn Jahre zuvor die Schule „geschmissen". Sabine hat zwar einen Realschulabschluss, musste aber wegen der Kinder ihre Ausbildung abbrechen. Nachdem Sabine Florian in den Kindergarten gebracht hat, macht sie sich zu ihrem 450-Euro-Job auf. Sie arbeitet für eine Reinigungsfirma. Es ist die dritte in den letzten zwei Jahren. Die anderen Firmen sind Pleite gegangen. Nach dem Job muss Sabine einkaufen, putzen und kochen, denn gleich kehren die Kinder heim. Wenn Olaf nach Hause kommt, schlafen die Kinder schon. Die Zeitarbeitsfirma kündigte an, dass es in den folgenden drei Monaten wohl keine Arbeit gäbe – wegen der Wirtschaftskrise …

B Folgen des demografischen Wandels

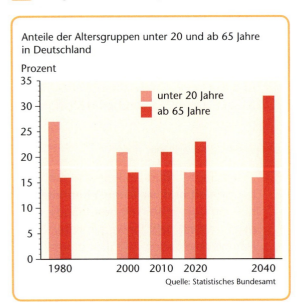

Anteile der Altersgruppen unter 20 und ab 65 Jahre in Deutschland
Quelle: Statistisches Bundesamt

C Arbeit für alle?

„KOMMT EIN MENSCH IN DIE PRODUKTIONSHALLE…"

D Gewinner und Verlierer beim Strukturwandel

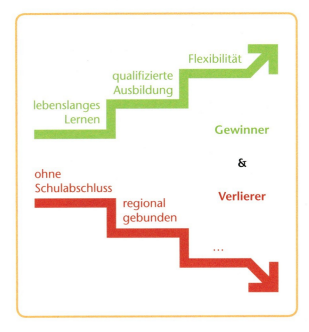

Ein Unternehmer: Der globale Wettbewerb hat den Menschen zahlreiche Vorteile gebracht – Wohlstand und Vielfalt. Man kann alles nur Erdenkliche kaufen.

Eine Schülerin: Die jungen Menschen wandern in die Städte ab. Keiner möchte mehr auf dem Land leben. Ob ich später hier leben kann und sich trotzdem mein Berufswunsch erfüllt?

Eine Call-Center-Mitarbeiterin: Früher habe ich Menschen von Angesicht zu Angesicht beraten. Heute wird fast alles nur noch über das Internet verkauft und ich muss die Beschwerden schriftlich bearbeiten.

Ein Vater: Früher hatte ich eine feste Arbeit und Zeit für die Familie. Jetzt arbeite ich bei einer Zeitarbeitsfirma und bin nur noch selten zu Hause.

Ein Freelancer: Das Internet bietet mir viele Möglichkeiten. Ich arbeite als freier Webdesigner und kann mir meine Zeit einteilen.

Wichtige Begriffe

Strukturwandel
Zeitarbeit
Innovation
Mobilität
demografischer Wandel
BIP
erneuerbare Energien
Wohlstandindikatoren

Wissen und erklären

1 Erklärt euch gegenseitig die wichtigen Begriffe.

2 Woran kann man Wohlstand messen? Nenne Beispiele.

3 Wie kann man den Strukturwandel in den letzten hundert Jahren am besten beschreiben?

Informationen beschaffen und auswerten

4 Viele Berufe sind von Veränderungen betroffen. Recherchiere die Veränderungen für einen Beruf deiner Wahl im Internet.

5 Warum wird lebenslanges Lernen immer wichtiger?

6 Was läuft schief bei Sommers (A)? Suche die Ursachen im Text und schreibe sie auf. Wie kann man sich vor solch einer Situation schützen?

Beurteilen, entscheiden und handeln

7 Analysiere die Grafik und erläutere Folgen des demografischen Wandels (B).

8 Werte die Karikatur aus (C). Was hat die Karikatur mit Strukturwandel zu tun?

9 Lies die Aussagen durch (D). Wer profitiert vom Strukturwandel und wer hat Nachteile? Schreibt eure Argumente aus unterschiedlichen Blickwinkeln – Unternehmer, Schülerin, Familie usw.

Zukunft von Arbeit 3

M Die Szenario-Methode: Ein Blick in die Zukunft

Definition: Szenarien sind komplexe Zukunftsbilder. Sie zeigen euch, wie die Zukunft in einem bestimmten Bereich in 20 bis 30 Jahren aussieht. Wofür braucht man Szenarien?

Die Welt verändert sich immer schneller. Ursachen sind u.a. die globale Vernetzung und immer wieder neue Technologien. Wenn man auf die Zukunft gut vorbereitet sein will, sollte man sich heute überlegen, wie die Zukunft aussehen kann.

In fünf Schritten zum Szenario

- Thema finden
- Schlüsselfaktoren bilden
- genaue Analyse: Trends
- Extremszenarien bilden
- Plakat gestalten

62

Arbeitsmarkt und Beschäftigung 4

Wenn du ein Leben lang glücklich sein willst:
liebe deine Arbeit!

(Chinesisches Sprichwort)

Der Arbeitsmarkt

Der Arbeitsmarkt

(K)ein Markt wie jeder andere?

Ein Markt liegt vor, wenn Angebot und Nachfrage in Bezug auf ein Gut oder eine Dienstleistung aufeinander treffen. Auf Gütermärkten bieten Unternehmen Güter zu einem bestimmten Preis an und konkurrieren mit anderen Anbietern der gleichen Produkte um die Konsumenten. Sie stehen bezüglich Preis und Qualität miteinander im Wettbewerb um Nachfrager. Die Konsumenten wiederum konkurrieren mit anderen Konsumenten bezüglich des Preises, den sie Anbietern zahlen. Was ist nun das Besondere am Arbeitsmarkt?

> Beim Arbeitsmarkt treffen Angebot und Nachfrage von Arbeitsleistung aufeinander.

Private Haushalte treten als Anbieter von Arbeit auf, private Unternehmen sowie öffentliche Haushalte treten als Nachfrager von Arbeit auf. Die Arbeitsnachfrage umfasst dabei das Beschäftigungsvolumen, das sich aus angebotener Beschäftigungszeit und der Anzahl der Beschäftigten zusammensetzt.

Die Arbeitsnachfrage, also wie viel Arbeit von Unternehmen und Staat nachgefragt wird, bestimmt sich weiterhin durch die Nachfrage der Menschen in Bezug auf Güter und Dienstleistungen. Auch die Höhe des zu zahlenden Arbeitsentgeltes und weitere Rahmenbedingungen wie das Arbeitsrecht, Mitbestimmungsrecht oder tarifliche und staatliche Lohnpolitik spielen eine Rolle. Arbeitsleistungen bilden in einem Land die Grundlage für das Wirtschaften.

Die Besonderheit des Arbeitsmarktes liegt in der Tatsache, dass Arbeit nicht von der Person des Arbeitenden zu trennen ist. Arbeit ist für die meisten Menschen Hauptquelle von Einkommen und sichert somit ihre Existenz.

Wie viel Arbeit zu einem Zeitpunkt angeboten wird, also das „Arbeitsangebot", hängt von der Bevölkerungsentwicklung (Demografie), der Höhe des Arbeitsentgelts und den Einstellungen der Menschen zur Arbeit ab. Schließlich wissen wir auch, dass manche Menschen die Freizeit mehr als die Arbeit lieben.

Schwarzarbeit

Ein-Euro-Jobs

Der Arbeitsmarkt hat insbesondere deshalb eine Sonderstellung, da sich der Preis für das Produkt – nämlich der Lohn für die Arbeitsleistung – meist nicht frei nach Angebot und Nachfrage bildet, sondern von Tarifvertragsparteien in Verhandlungen festgesetzt wird. Auch der Staat will mit der Festlegung von Mindestlöhnen stärker eingreifen, was jedoch noch heftig in der Öffentlichkeit diskutiert wird.

Erster, zweiter und dritter Arbeitsmarkt

> Auf dem Arbeitsmarkt wird die Arbeitskraft nachgefragt, angeboten und getauscht.

Der erste Arbeitsmarkt wird über Geld gesteuert. Hier wird die Arbeitsleistung entlohnt, die hergestellten Güter und Dienstleistungen werden verkauft und es werden Gewinne erzielt. Das Problem ist hierbei, dass nicht nur der Einzelne, sondern auch Menschengruppen schnell aus dem Erwerbsprozess ausscheiden können. Denken wir nur an Menschen mit Benachteiligungen aufgrund einer Behinderung oder Menschen mit sozialen Problemen wie Analphabetismus.

Der zweite Arbeitsmarkt wird mit Macht gesteuert. Das ist die Macht durch Gesetze oder anders ausgedrückt durch die Politik. Dabei geht es vor allem um staatlich finanzierte Programme, die eine Wiedereingliederung in den ersten Arbeitsmarkt ermöglichen sollen.

> Der zweite Arbeitsmarkt dient mit seinen Arbeitsbeschaffungsmaßnahmen (ABM) zur Erhaltung des sozialen Friedens.

Der so genannte „dritte Arbeitsmarkt" ist ein Tauschmarkt. Hier arbeitet man (siehe auch Kapitel 1), um sich gegenseitig zu helfen, man arbeitet für die Ehre, für soziale Anerkennung oder für eine andere unentgeltliche Gegenleistung.

---

1 Ist es dasselbe, ob du Obst und Gemüse auf dem Wochenmarkt anbietest oder deine Arbeitskraft auf dem Arbeitsmarkt? Sammelt in Kleingruppen Argumente, die dafür oder dagegen sprechen.

2 Wo wurden in deiner Region ABM-Stellen geschaffen? Nenne Beispiele.

★ **3** Wann spricht man von „Schwarzarbeit"? Argumentiere.

Niedriglohn

Das Statistische Bundesamt (Wiesbaden) in Deutschland definiert „Niedriglohn" so, wie es international üblich ist und beispielsweise von der OECD (Organisation für wirtschaftliche Zusammenarbeit und Entwicklung) und der Internationalen Arbeitsorganisation (ILO) verwendet wird.

Die ILO grenzt den Niedriglohnbereich zur Verteilung der Verdienste aller betrachteten Beschäftigten ab. Dazu wird zunächst der Medianverdienst berechnet:
Dieser teilt die betrachteten Verdienste in genau zwei Hälften, das heißt, genau eine Hälfte der Beschäftigten verdient weniger und die andere Hälfte mehr als diesen Wert. *Vorteil gegenüber dem statistischen Mittelwert ist, dass „Ausreißer" nicht so sehr ins Gewicht fallen.* Gemäß der Definition spricht man von einem „Niedriglohn", wenn der Verdienst eines Beschäftigten kleiner als zwei Drittel des Medianverdienstes ist.

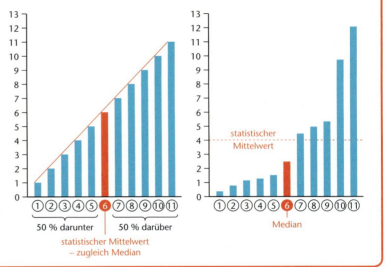

Der Niedriglohn in der Statistik

Arm trotz Arbeit

Das kann doch nicht sein. Arbeit darf doch nicht arm machen. Die Klasse diskutiert, ob Deutschland einen gesetzlichen Mindestlohn braucht.

> Ein Lohn, ist ein Arbeitsentgelt, das von der Höhe der erbrachten Leistung und der geleisteten Arbeitszeit abhängt. Im Gegensatz dazu ist ein Gehalt ein im Arbeitsvertrag fest vereinbartes Arbeitsentgelt.

Die Klasse ist zweigeteilt: Die eine Hälfte möchte einen Job um jeden Preis, auch wenn der Verdienst unterhalb der Armutsgrenze liegt, Hauptsache der Job ist zumutbar. Die andere Hälfte sieht das Risiko, dass man von diesen Armutslöhnen nicht leben kann. Sie sind gegen den Ausbau des Niedriglohnsektors.

> Ein Mindestlohn ist ein in der Höhe durch eine gesetzliche Regelung festgeschriebenes Arbeitsentgelt, das Arbeitnehmern als Minimum zusteht.

Ein Blick zu unseren Nachbarn

Wenn wir uns in der EU umschauen, fällt eines deutlich auf: Viele unserer Nachbarstaaten haben einen gesetzlichen Mindestlohn. Offensichtlich haben alle dieser Staaten ein ähnliches Problem auf dem Arbeitsmarkt wie wir in Deutschland. Besonders die nordeuropäischen Länder und Österreich beweisen beispielsweise, dass mit einer starken gewerkschaftlichen Organisation fast jeder Arbeitnehmer durch tarifliche Regelungen abgesichert sein kann. Die diesbezügliche Entwicklung in Deutschland bleibt abzuwarten.

Mindestlöhne – pro und kontra

Hier nun das Ergebnis der Diskussion in der Klasse. *Folgende Pro-Argumente konnten festgehalten werden:*

- Mindestlöhne dienen dem Schutz vor Armutslöhnen.
- Mindestlöhne fördern die Gleichberechtigung der Frau.
- Mindestlöhne führen zu einem Anstieg der Erwerbsbeschäftigung.
- Mindestlöhne führen zu Mehreinnahmen des Staates bei der Lohn- und Einkommensteuer.

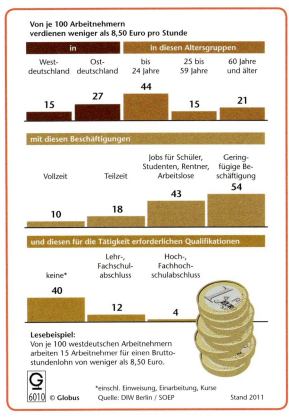

Wer arbeitet zum Niedriglohn?

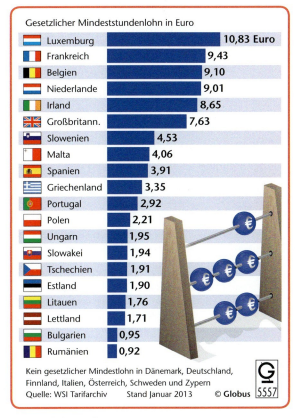

Mindestlohn in der EU

- Mindestlöhne sind erforderlich, weil in einigen Branchen die Gewerkschaften so schwach sind, dass sie keine angemessene tarifliche Lösung mehr durchsetzen können.

Folgende Kontra-Argumente sind festzuhalten:
- Mindestlöhne führen zu einem Anstieg der Schwarzarbeit.
- Mindestlöhne führen zu höheren Preisen und schwächen damit die Inlandsnachfrage.
- Mindestlöhne führen zu höherer Arbeitslosigkeit und schwächen damit ebenfalls die Inlandsnachfrage.
- Mindestlöhne erschweren den Einstieg bzw. den Wiedereinstieg von Geringqualifizierten, jungen Menschen und Langzeitarbeitslosen in den Arbeitsmarkt.

1 Erkläre den Begriff „Lohndumping" mit deinen eigenen Worten.

2 a) Lest den Text auf dieser Doppelseite. Bildet in der Klasse eine Positionslinie. Eine dafür auf dem Boden angebrachte Linie markiert am einen Ende Pro-Argumente und am anderen Kontra-Argumente. Die Mitte stellt das Unentschieden dar.
b) Stelle dich nun entsprechend deines Standpunktes an der Linie auf und diskutiert eure Standpunkte.
c) Zum Abschluss der Diskussion stellt ihr euch gegebenenfalls neu an der Positionslinie auf. Hat sich eure Meinung geändert?

★ **3** Recherchiert im Internet, welche gesetzlichen Mindestlöhne zurzeit pro Stunde in den anderen EU-Ländern gezahlt werden.

untypische Beschäftigung	In Abgrenzung zum Normalverhältnis gehören hierzu nach der amtlichen Statistik: • Teilzeitbeschäftigte mit 20 oder weniger Arbeitsstunden pro Woche • geringfügige Beschäftigung • befristete Beschäftigung • Zeitarbeitsverhältnisse	
problematische Beschäftigung	Hierunter fallen Arbeitsverhältnisse mit niedrigen Löhnen, die häufig nicht auf Dauer angelegt sind, keine Absicherung durch Sozialversicherung und nur geringe arbeitsrechtliche Schutzrechte aufweisen. Der Begriff ist umstritten.	
geringfügige Beschäftigung (Minijob)	Eine geringfügig entlohnte Beschäftigung liegt vor, wenn das monatliche Arbeitsentgelt 450 Euro nicht überschreitet.	
mithelfende Familienangehörige	Die Mithilfe in einem landwirtschaftlichen und nichtlandwirtschaftlichen Betrieb der von einem Familienmitglied als Selbstständiger geleitet wird und deren Tätigkeiten nicht entlohnt und sozialversichert werden.	
Ein-Euro-Job	Zielgruppe sind Langzeitarbeitslose und Arbeitslosengeld-II-Empfänger. Generell ist es eine Teilzeitarbeit im Umfang von 20 bis höchstens 30 Stunden pro Woche für eine Dauer von sechs bis neun Monaten. Diese Tätigkeiten müssen bei einem geeigneten Träger angemeldet und im öffentlichen Interesse sowie wettbewerbsneutral gestaltet sein.	

Beschäftigungsformen

Staatliche Beschäftigungspolitik

Wie du bereits aus dem vorangegangenen Kapitel erfahren hast, befindet sich die Arbeitswelt in einem ständigen Wandel. Technologien, Orte und Formen von Arbeitsverhältnissen verändern sich. Man unterscheidet z. B. „Normalarbeitsverhältnisse" und neuere Formen der Beschäftigung.

Unter einem „Normalarbeitsverhältnis" versteht man eine Arbeit, bei der man 30 bis 40 Stunden pro Woche ohne zeitliche Befristung (z.B. auf zwei Jahre) für ein Unternehmen arbeitet. Solche Arbeitsverhältnisse gibt es immer seltener. Stattdessen nehmen Formen wie befristete Arbeit, Teilzeitarbeit, Arbeit auf Abruf, geringfügige Beschäftigung, Mini- und Ein-Euro-Jobs sowie Scheinselbstständigkeiten zu.

Ein Normalarbeitsverhältnis hat Vorteile. Das Arbeits- und Familienleben kann gut geplant werden, der Tagesablauf gestaltet sich dadurch besser. Auch kennt man seine Arbeit und seine Kolleginnen und Kollegen. Um die Zukunft muss man sich wenig Sorgen machen. Schließlich bekommt man ein festes Einkommen.

> Ein Normalarbeitsverhältnis ist eine unbefristete Beschäftigung bei einem festen Arbeitgeber mit einer Stundenzahl von etwa 30 bis 40 Stunden in der Woche.

Der Staat hat mit seiner Beschäftigungspolitik die Aufgabe, das Arbeitsangebot sowie die Arbeitskräftenachfrage zu steuern und dadurch Arbeitslosigkeit abzubauen. Dabei gibt es zwei Möglichkeiten: die Angebots- und die Nachfrageseite des Arbeitsmarktes. In der Praxis werden hauptsächlich beschäftigungspolitische Strategien an der Nachfrageseite angesetzt.

Zunächst die Strategien auf der Angebotsseite des Arbeitsmarktes
Durch die zunehmend älter werdende Bevölkerung verkleinert sich die Gruppe von potenziellen Erwerbspersonen. Eine weitere Möglichkeit besteht durch die Verkürzung der tariflichen Wochenarbeitszeit. Somit wird das Angebot an Arbeitskräften verringert.

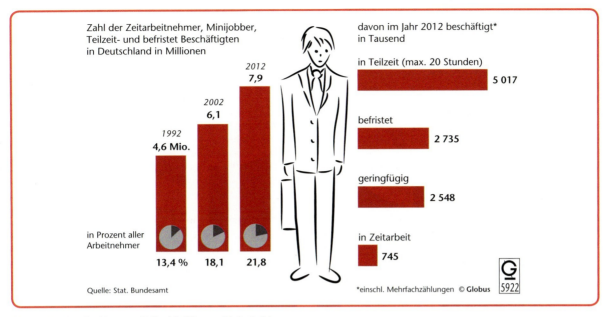

Atypische Beschäftigung: Teilzeitkräfte und Minijobber

Die Strategien auf der Nachfrageseite des Arbeitsmarktes

Beabsichtigt wird eine Erhöhung der Arbeitskräftenachfrage, da der Arbeitsmarkt vom Gütermarkt abgeleitet wird und die Nachfrage nach der Arbeit von der geplanten Güterproduktion abhängt. Strategien zur Beeinflussung der Beschäftigung setzen daher am Produktionsvolumen an. Darüber hinaus gibt es:

- konjunkturpolitische Maßnahmen (Erhöhung der Gesamtnachfrage nach Gütern und Dienstleistungen durch günstigere Kredite, Lohnerhöhung oder Subventionen) und
- strukturpolitische Maßnahmen (Förderung des Strukturwandels) – beispielsweise in Gestalt von materiellen Anreizen durch den Staat, bei der Neugründung von Unternehmen in der Dienstleistungsbranche oder auch bei der Umstrukturierung von Unternehmen aufgrund von Weltmarktveränderungen.

> Als „Beschäftigungspolitik" werden alle wirtschaftspolitischen Aktivitäten zusammengefasst, die der Beeinflussung der Beschäftigungslage des Produktionsfaktors Arbeit dienen.

1 Erkläre den Begriff „Beschäftigungspolitik" mit deinen eigenen Worten. Nenne dazu auch Beispiele.

2 Warum gibt es keine existenzsichernden Beschäftigungsverhältnisse? Begründe.

3 Sucht in der Tagespresse nach Beiträgen zu neuen zukunftsträchtigen Beschäftigungsmodellen, die in der Diskussion sind. Fertigt anschließend eine Wandzeitung zu diesem Thema an.

★ 4 Diskutiert die These: „Lohnverzicht schafft Arbeitsplätze!".

★ 5 In den aufgeführten Beschäftigungsformen (siehe Tabelle und Grafik) besteht ein überdurchschnittlicher Frauenanteil von fast zwei Dritteln (geringfügig Beschäftigte). Wie ist das zu erklären?

6 Welche unterschiedlichen Perspektiven haben Gewerkschaften, Parteien, Arbeitgeberverbände und Wirtschaftsinstitute bezüglich des gesetzlichen Mindestlohns? Recherchiere im Internet und berichte der Klasse.

friktionelle Arbeitslosigkeit
kurzfristige Übergangsprobleme
(z. B. beim Arbeitsplatzwechsel)

strukturelle Arbeitslosigkeit
Niedergang einer Branche, fehlende
Flexibilität auf dem Arbeitsmarkt

Mismatch-Arbeitslosigkeit
unterschiedliche Profile von Arbeitslosen und offenen Stellen
(das bedeutet, dass die Profile nicht
zu den offenen Stellen passen)

saisonale Arbeitslosigkeit
jahreszeitliche Einflüsse (Landwirtschaft,
Bauwirtschaft, Gastronomie usw.)

konjunkturelle Arbeitslosigkeit
zyklische Schwankungen im
Wirtschaftsgeschehen

Unterschiedliche Formen von Arbeitslosigkeit

Arbeitslosigkeit hat viele Gesichter

Ursachen von Arbeitslosigkeit

Elias, 23 Jahre alt, ist seit seinem Schulabschluss arbeitslos. Anne ist 45 und seit einem halben Jahr arbeitslos, hat aber eine befristete Stelle in Aussicht. Jürgen wurde mit 55 Jahren entlassen und hat wenig Hoffnung auf eine neue Arbeit.

Arbeitslosigkeit hat viele Gesichter und Ursachen. Friktionelle Arbeitslosigkeit entsteht beim Wechsel von einer Arbeitsstelle zur nächsten, wenn sich eine Lücke ergibt. Bauarbeiter sind häufig nur im Winter arbeitslos, das nennt man „saisonale Arbeitslosigkeit". Wenn Menschen entlassen werden, weil es der Wirtschaft schlecht geht, spricht man von „konjunktureller Arbeitslosigkeit". Diese Formen von Arbeitslosigkeit können zumeist behoben werden.

Kritisch hingegen ist die strukturelle Arbeitslosigkeit, wenn sich aufgrund eines wirtschaftlichen Wandels das Arbeitsplatzangebot, die Produktionsbedingungen oder die Qualifikationsanforderungen ändern.

Beispielsweise durch die Einführung computergestützter Verfahren können viele Menschen mit schlechter oder gar keiner Ausbildung nicht mehr in der Produktion eingesetzt werden. Eine wichtige Rolle spielt auch die Globalisierung. In Deutschland sind in den letzten Jahren rund 200 000 Arbeitsplätze weggefallen, da die Produktion ins Ausland verlagert wurde. Dort sind die Löhne niedrig und an den Arbeits- und Umweltschutz werden keine hohen Ansprüche gestellt.

> Arbeitslosigkeit hat viele Gesichter. Man unterscheidet friktionelle, saisonale, konjunkturelle und strukturelle Arbeitslosigkeit.

Abwrackprämie

Geplante Schließung des Opel-Werkes in Bochum

VW-Werk in China

Verdi-Streik bei Amazon

Allgemeine Folgen von Arbeitslosigkeit

Die Folgen von Arbeitslosigkeit sind weit reichend und schwerwiegend.

Die Steuereinnahmen gehen zurück, da weniger Menschen über ein steuerpflichtiges Einkommen verfügen. Dadurch hat der Staat weniger Geld, um seine Aufgaben zu erfüllen. Die Sozialversicherungskassen werden belastet, da aus bisherigen Beitragszahlern nun Leistungsempfänger werden. Der Konsum geht zurück, da die privaten Haushalte über weniger Geld verfügen. Dadurch wiederum sinkt die Nachfrage, was zu einem weiteren Stellenabbau führt.

Persönliche Folgen von Arbeitslosigkeit

Die wirtschaftlichen Folgen der Arbeitslosigkeit werden im Rahmen der Arbeitslosenversicherung zu einem gewissen Teil aufgefangen. Arbeitslose haben für eine bestimmte Zeit Anspruch auf Versicherungsleistungen, die auf der Grundlage des bisherigen Einkommens, des Familienstandes und weiterer Kriterien berechnet werden.

Schlimmer als die wirtschaftlichen Folgen sind die seelischen Belastungen. Ein Arzt sagt dazu: „Arbeitslosigkeit ist eine besondere Form der Zermürbung. Das ist den wenigsten bewusst, die sich eines sicheren Arbeitsplatzes erfreuen. Denn die Untätigkeit ist nicht Freizeit. Man kann nicht gegen seinen Willen „ausspannen" – und zwar endlos. Es besteht die Gefahr körperlich inaktiv, geistig träge sowie seelisch instabil zu werden und schließlich sogar die Kontaktfähigkeit und Selbstachtung zu verlieren."

1 Erkläre die Ursachen von Arbeitslosigkeit, die in der Grafik dargestellt sind.

2 Betrachte die Fotos. Was haben sie mit dem Thema „Arbeitslosigkeit" zu tun?

3 Nimm Stellung zu dem Satz: „Die Arbeitslosen wollen gar nicht arbeiten; sie genießen ihre Freizeit."

Arbeitsmarkt und Beschäftigung

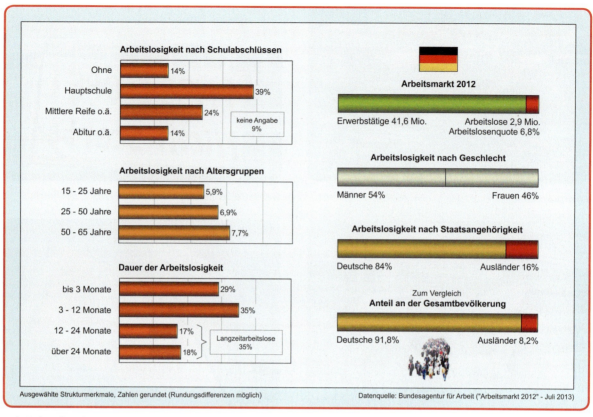

Arbeitslosigkeit hat viele Gesichter

Ich will nicht arbeitslos werden…

Immer mehr Jugendliche haben Angst, nach der Schule arbeitslos zu sein. Nach der Shell-Jugendstudie lag ihr Anteil bei über 60 Prozent. Was kann man aber dagegen tun? Der Staat, die Unternehmen und jeder Einzelne können dazu beitragen, dass Arbeitslosigkeit vermieden wird.

Was die Unternehmen tun können

Wenn Unternehmen feststellen, dass sie ihre Produkte nicht mehr verkaufen, müssen sie darüber nachdenken, ihre Produktpalette zu verändern. So standen Automobilhersteller vor dem Problem, dass sie aufgrund der steigenden Benzinpreise ihre großen, Benzin fressenden Modelle immer schlechter absetzen konnten. Die Lösung war die Konzeption kleiner, energiesparender Autos und die Entwicklung von Motoren, die mit Ersatzbrennstoffen betrieben werden können. Dies kurbelte die Nachfrage wieder an und schuf neue Arbeitsplätze.

Die Entwicklung neuer Produkte, die Umstellung der Produktion und Einführung besserer Produktionsverfahren erfordern Investitionen, d.h., es muss Geld für Forschung und Entwicklung oder neue Anlagen ausgegeben werden. Dies schmälert kurzfristig den Gewinn eines Unternehmens, zahlt sich aber langfristig aus.

> Investitionen, neue Produkte, bessere Produktionsverfahren und die Erschließung neuer Absatzmärkte sind Maßnahmen der Unternehmen, um Entlassungen zu vermeiden.

Was der Staat tun kann

Der Staat kann die Unternehmen unterstützen, indem er die Unternehmenssteuer senkt und finanzielle Zuschüsse (Subventionen) für die Umstellung der Produktion gewährt. Er kann auch

Steckbrief: Tim	**Steckbrief: Alina**	**Steckbrief: Lukas**
Alter: 19 Jahre Schule: dreimal gewechselt, kein Abschluss Hobbys: mit Freunden rumhängen Momentane Lebenssituation: Beginn der dritten Maßnahme zum Nachholen des Hauptschulabschlusses	Alter: 17 Jahre Schule: Realschulabschluss Hobbys: Reiten, Freunde treffen Momentane Lebenssituation: möchte Tourismuskauffrau werden	Alter: 21 Jahre Schule: Abitur Hobbys: Web-Design Momentane Lebenssituation: freiwilliges soziales Jahr (FSJ), später Ausbildung zum Web-Designer

Arbeitslosigkeit bei Jugendlichen: drei Beispiele

gezielt den Absatz fördern, indem er den privaten Haushalten Kaufanreize bietet, wie z. B. während der Wirtschaftskrise 2009/2010, als die Verschrottung des alten Autos und der Kauf eines neuen mit einem staatlichen Zuschuss unterstützt wurde („Abwrackprämie").

Außerdem kann der Staat selbst Aufträge an die Unternehmen vergeben und z. B. Straßen bauen und öffentliche Gebäude instand setzen lassen.

Wenn Unternehmen vorübergehend aufgrund der schlechten Wirtschaftslage in Schwierigkeiten geraten, kann der Staat ihnen Kurzarbeitergeld anbieten. D. h., der Staat bezahlt einen Teil der Löhne, damit das Unternehmen seine Angestellten nicht entlässt.

> Subventionen, Steuererleichterungen, staatliche Investitionen, Konsumanreize und Kurzarbeitergeld sind Maßnahmen des Staates, um Arbeitslosigkeit zu bekämpfen.

Was du selbst tun kannst

Auf die Maßnahmen des Staates und der Unternehmen hast du keinen Einfluss. Daher sind die wichtigsten Maßnahmen diejenigen, die du selbst ergreifen kannst.

Mobil sein: Wenn du bereit bist, auch in einer anderen Region oder sogar im Ausland zu arbeiten, erhöht dies die Chance auf einen Arbeitsplatz.

Flexibel sein: Wenn du bereit bist, ein Praktikum zu machen, an verschiedenen Orten und zu unterschiedlichen Zeiten zu arbeiten oder einen anderen als deinen Traumberuf zu wählen, bist du bei Arbeitgebern gefragt!

Fleißig sein: Bildung ist das Wichtigste! Nicht nur ein guter Schulabschluss erhöht deine Chancen auf einen Arbeitsplatz, sondern insbesondere deine Bereitschaft, dich ständig weiterzubilden.

> Vor Arbeitslosigkeit schützen dich eine gute Schulbildung, Mobilität, Flexibilität und lebenslanges Lernen.

1 Finde heraus, welche Maßnahmen die Bundesregierung gegen Arbeitslosigkeit ergreift. Nutze dazu die Zeitung oder das Internet.

2 Befragt einen Vertreter der Arbeitsagentur über die Arbeitssituation in der Region.

3 Sieh dir die Steckbriefe der Jugendlichen an. a) Welche Gründe siehst du für die Arbeitslosigkeit junger Erwachsener? b) Entwickelt Ideen, um einen der drei Jugendlichen in Ausbildung oder Arbeit zu bringen.

★ 4 Entwickelt in Gruppen eine Grafik, die zeigt, welche Strapazen und Risiken ihr für einen Ausbildungsplatz eingehen würdet und wo eure Grenzen sind.

4 Das kann ich!

Arbeitsmarkt und Beschäftigung

Der Arbeitsmarkt hat viele Gesichter

A Ziele der Arbeitsmarktpolitik

Eigenleistung
Wer von der Gemeinschaft Leistungen erhält, muss bereit sein, eine zumutbare Gegenleistung zu erbringen. Flexibilität bei der Job-Suche ist nötig und auch die Bereitschaft, neue Wege zu gehen. Ein eigenständiger Verdienst, auch wenn er nur einen Teil des notwendigen abdeckt, ist besser als die Abhängigkeit von staatlichen Leistungen.

Serviceleistung
Eine Anlaufstelle, schnelle Unterstützung und Hilfe aus einer Hand: Persönliche Ansprechpartner, die mehr Zeit für Arbeitssuchende haben, sind die Lotsen auf dem Weg zum neuen Job. Grundlage für ihre Arbeit ist eine Eingliederungsvereinbarung, in der gleich zu Anfang die Eigenleistung der Arbeitssuchenden und die Unterstützung festlegt.

Hartz IV

Förderleistung
Menschen in Arbeit zu bringen, ist das Wichtigste. Hartz IV schafft besonders für Menschen, die in absehbarer Zeit keine Chance auf dem allgemeinen Arbeitsmarkt haben, neue flexible Instrumente: Einstiegsgeld und Zusatzjobs. Sie erleichtern den Eintritt in den Arbeitsmarkt und bereiten ihn vor.

Geldleistung
Finanzielle Sicherheit muss sein. Wer Hilfe braucht, bekommt sie auch. Dafür steht Hartz IV. Lebensunterhalte, Miete und Heizung sind die Basis. Familien werden besonders unterstützt. Zusätzliche Anreize für Arbeitsaufnahme können einen Weg aus der Arbeitslosigkeit weisen.

B Arbeitslosigkeit kommt davon, dass ...

- zu viele Betriebe ihre Produktion ins Ausland verlegen;
- Maschinen die menschliche Arbeitskraft ersetzen;
- neue Technologien eine Umstrukturierung der Wirtschaft bewirken;
- die Arbeitslosen genug Geld bekommen und keine Lust mehr zum Arbeiten haben;
- Arbeit bei uns in Deutschland viel zu teuer ist;
- andere Länder, in die wir exportieren, nicht mehr genug Geld haben;
- der Euro nicht stabil ist;
- die Berufsausbildung viel zu lange dauert.

C Selbstständigkeit – ein Weg aus der Arbeitslosigkeit

Wer sich entschlossen hat, den Schritt in die Selbstständigkeit zu gehen, sollte sich vorher die Vor- und Nachteile genau überlegen.

Vorteile:
- Entscheidungsfreiheit
- Verwirklichung eigener Ideen
- Hobby zum Beruf machen
- größere Verdienstmöglichkeiten
- freie Arbeitseinteilung
- …

Nachteile:
- große Verantwortung
- wenig Freizeit
- wirtschaftliches Risiko
- Stress
- kein geregeltes Einkommen
- …

D Lohngerechtigkeit

Lohngerechtigkeit

Anforderungsgerechtigkeit
Für hohe geistige und körperliche Anforderungen bekommt der Arbeitnehmer mehr Lohn. Sind die Anforderungen nicht so hoch, fällt der Lohn niedriger aus.

Leistungsgerechtigkeit
Die Höhe des Lohns ist abhängig von der Arbeitsleistung des Arbeitnehmers.

Bedingungsgerechtigkeit
Wird für gleiche oder ähnliche Arbeiten der gleiche Lohn gezahlt, müssen auch die Arbeitsbedingungen gleich sein (z. B. gleiche Werkzeuge oder moderne Maschinen).

Sozialgerechtigkeit
Für gleiche Arbeitsaufgaben muss gleicher Lohn gezahlt werden.

E Karikatur

wichtige Begriffe

Arbeitsmarkt
Beschäftigungspolitik
Arbeitslosigkeit
Mindestlohn
Niedriglohn
geringfügige Beschäftigung

Wissen und Erklären

1 Erkläre die wichtigen Begriffe.

2 Halte einen Vortrag zum Thema: „Arm trotz Arbeit".

Informationen beschaffen und auswerten

3 Recherchiere weitere Argumente zum Mindestlohn. Formuliere dann deinen eigenen Standpunkt und berichte der Klasse.

4 Befragt einen Experten zu Lohnunterschieden bei Männern und Frauen. Entwerft dazu entsprechende Interviewfragen.

5 Woher stammt der Begriff „Hartz IV"? Informiere dich darüber, was eine „zumutbare Arbeit" bedeutet. Diskutiert in der Klasse, ob jede Arbeit für jeden zumutbar sein sollte (A).

6 Welche weiteren Vor- und Nachteile der Selbstständigkeit kannst du finden? Könntest du dir vorstellen, selbstständig zu sein? Begründe deine Antwort.

Beurteilen, entscheiden und handeln

7 Setzt euch mit den Äußerungen zur Arbeitslosigkeit auseinander. Formuliert euren eigenen Standpunkt zu den einzelnen Aussagen (B).

8 Wann sind Löhne gerecht? Nutze für deine Argumente die Übersicht (D).

9 Was sagt die Karikatur aus (E)?

Analyse einer Statistik

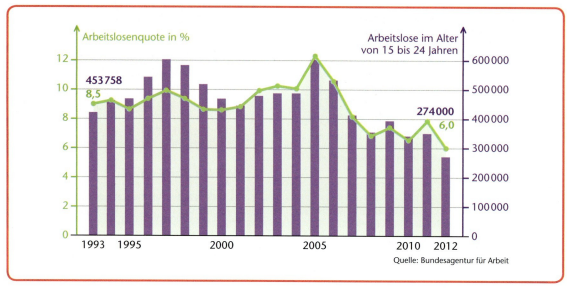

Junge Arbeitslose in Deutschland (1993–2012)

Auswertung von Tabellen und Diagrammen
In der Abbildung werden Zahlen zu einem Thema geordnet und übersichtlich aufgelistet. Nun gilt es, eine Auswertung vorzunehmen. Wie gehen wir dabei vor?

Arbeitsschritt Einordnung	Wie heißt das Thema? Welcher Zeitraum ist dargestellt? Kann eine räumliche Zuordnung vorgenommen werden? Sind die Zahlenangaben aktuell?
Arbeitsschritt Form der Darstellung	Handelt es sich um eine Tabelle oder ein Diagramm? Um welche Diagrammart handelt es sich? In welcher Maßeinheit sind die Zahlenwerte dargestellt?
Arbeitsschritt Inhalt der Darstellung	Welche inhaltlichen Aussagen können gemacht werden? Gibt es Unverständliches oder unbekannte Begriffe? Sind Besonderheiten und Auffälligkeiten zu nennen? Welche Werte können miteinander verglichen werden, welche nicht? Kann man Höchst-, Tiefst- oder Durchschnittswerte feststellen? Kann man zeitliche Entwicklungen feststellen und genauer beschreiben?

Glossar

Arbeitsmarkt: (S. 64)
Der Arbeitsmarkt ist ein besonderer Markt. Auch hier treffen Angebot und Nachfrage aufeinander, jedoch ist das angebotene Produkt Arbeitsleistung untrennbar mit den Personen verbunden, die ihre Arbeitskraft anbieten. Die Nachfrage auf dem Arbeitsmarkt stellen Unternehmen und öffentliche Haushalte, die für die Herstellung ihrer Produkte bzw. ihrer Dienstleistungen Arbeitskräfte benötigen. Anders als bei Gütermärkten bildet sich auf dem Arbeitsmarkt der Preis (Lohn) meist nicht frei durch Angebot und Nachfrage, vielmehr handeln die Tarifpartner (Gewerkschaften und Arbeitgeberverbände) in Tarifrunden den Preis aus.

Arbeitsmarktpolitik (S. 74)
Arbeitsmarktpolitik hat als Ziel die Wiedereingliederung von Arbeitslosen in den Arbeitsmarkt und die Linderung der wirtschaftlichen Folgen von Arbeitslosigkeit durch Lohnersatzleistungen wie Arbeitslosengeld oder Arbeitslosengeld II.

Berufsfeld (S. 32)
In der Berufsschule werden mehrere Berufe mit ähnlichen Ausbildungsinhalten zu Berufsfeldern zusammengefasst.

Berufsorientierung (S. 26)
Die Berufsorientierung umfasst alle Informationen und Maßnahmen, die einem Menschen helfen, einen Beruf zu finden.

Berufswahlkompetenz (S. 22)
„Berufswahlkompetenz" bedeutet, aus einer großen Auswahl an Berufen den Beruf zu finden, der am besten zu einem passt.

Beschäftigungspolitik (S. 68)
Beschäftigungspolitik ist der Einsatz von Maßnahmen der Wirtschaftspolitik, die das Ziel haben, Vollbeschäftigung zu erreichen und Arbeitslosigkeit abzubauen.

BiZ (S. 26)
Das Berufsinformationszentrum (BiZ) dient allen Interessierten zur Selbstinformation zu Themen rund um Bildung, Beruf und Arbeitsmarkt. Das BiZ bietet auch Veranstaltungen an. Außerdem hat man die Möglichkeit, per Online-Recherche nach passenden Ausbildungs- und Arbeitsplätzen zu suchen und professionelle Bewerbungsunterlagen selbstständig oder mit Unterstützung zu erstellen.

Bruttoinlandsprodukt (BIP) (S. 52)
Das Bruttoinlandsprodukt ist die Summe aller im Inland hergestellten Güter und Dienstleistungen. Es wird für jedes Jahr berechnet. Mit dem BIP kann die Leistungsfähigkeit der Wirtschaft eines Landes beurteilt und mit den Vorjahren verglichen werden. Es ist eine Wohlstandsmessung.

demografische Entwicklung (S. 51)
„Demografische Entwicklung" nennt man die Bevölkerungsentwicklung, das heißt, die Zunahme, Stagnation oder Abnahme der Bevölkerung eines Landes. In diesem Zusammenhang spricht man auch von einem „demografischen Wandel".

Deutsche Sozialversicherung (S. 12)
Die deutsche Sozialversicherung ist ein gesetzliches Versicherungssystem, das als Teil der sozialen Sicherung Deutschlands eine wichtige Rolle spielt. Als Solidargemeinschaft bietet es wirksamen finanziellen Schutz vor den großen Lebensrisiken und deren Folgen wie Krankheit, Arbeitslosigkeit, Alter, Betriebsunfälle und Pflegebedürftigkeit. Die Sozialversicherung garantiert einen stabilen Lebensstandard jedes Einzelnen.

duale Ausbildung (S. 30)
„Duale Ausbildung" bedeutet, dass die Berufsausbildung in einem Betrieb und in einer Berufsschule stattfindet.

Ehrenamt (S. 17)
Ein Ehrenamt bezeichnet meistens eine freiwillige unbezahlte Arbeit, die sich am Gemeinwohl orientiert. Ehrenämter gibt es in Vereinen, kirchlichen Organisationen und anderen sozialen Bereichen. Ehrenamt und Freiwilligenarbeit werden heute fast in einem Atemzug genannt.

erneuerbare Energien (S. 53)
Erneuerbare Energien sind Energieträger/-quellen, die sich ständig erneuern bzw. nachwachsen. Hierzu zählen z. B.: Sonnenenergie, Biomasse, Wasserkraft und Windenergie.

Familienarbeit (S. 16)
Zur Familienarbeit gehören die Arbeiten, die sich mit den im Haushalt lebenden Personen befassen: Beziehungs-, Erziehungs- und Pflegearbeit.

Generationenvertrag (S. 19)
Die Jüngeren zahlen ihre Beiträge in die Rentenversicherung ein, wovon die Renten der heute Älteren ausbezahlt werden.

Globalisierung (S. 70)
Bezeichnung für das Entstehen weltweit ausgerichteter Märkte und die damit verbundene internationale Verflechtung der Volkswirtschaft.

Hartz IV (S. 74)
Hartz IV regelt die Zusammenführung von Arbeitslosenhilfe und Sozialhilfe zum so genannten „Arbeitslosengeld II". Darüber hinaus regelt Hartz IV, dass beide Leistungen bei erwerbsfähigen Arbeitslosen bei der Agentur für Arbeit verwaltet werden. Außerdem sieht Hartz IV eine intensivere Betreuung von Langzeitarbeitslosen vor.

Innovation (S. 47)
Eine Innovation (Lat. = Erneuerung) ist die Entwicklung neuer Ideen, Techniken, Produkte, Produktionsverfahren, Produktionsmethoden oder Organisationsformen.

Kompetenz (S. 34)
die Gesamtheit von Fähigkeiten und Fertigkeiten, bezogen auf festgelegte Anforderungen

Glossar

Lebensplanung (S. 6)
Lebensplanung ist die Planung eines Lebens besonders in Hinblick auf die berufliche Ausbildung bzw. Zukunft.

Mindestlohn (S. 66)
Der Mindestlohn ist eine in der Höhe durch eine gesetzliche Regelung oder ein durch einen Tarifvertrag festgeschriebenes Arbeitsentgelt, das Arbeitnehmern als Minimum zusteht.

Mobilität (S. 50)
„Mobilität" bezeichnet im Allgemeinen die Beweglichkeit. Das bedeutet z. B. für das Arbeitsleben, dass man bereit ist, den Arbeitsplatz oder den Wohnort zeitweilig oder dauerhaft zu wechseln. Die Bereitschaft der Mobilität wird im Zuge der Globalisierung immer mehr zu einem Kriterium bei der Einstellung von Arbeitnehmern in Betrieben.

Nachhaltigkeit (S. 53)
Der Begriff bedeutet, mit den Ressourcen der Natur sinnvoll umzugehen, sodass die Lebenschancen nachkommender Generationen nicht verschlechtert oder gefährdet werden.

Niedriglohn (S. 66)
Niedriglohn ist ein Arbeitsentgelt eines Vollzeitbeschäftigten, welches sich knapp oberhalb oder unter der Armutsgrenze befindet. An der Armutsgrenze lebt man, wenn einem nur etwa 50 Prozent bis 60 Prozent des durchschnittlichen Nettoeinkommens aller Beschäftigten zur Verfügung steht.

Normalarbeitsverhältnis (S. 68)
Darunter versteht man eine Arbeit, bei der man ungefähr 30 bis 40 Stunden pro Woche ohne zeitliche Befristung für einen Arbeitgeber arbeitet.

Persönlichkeitsprofil (S. 23)
Ein Persönlichkeitsprofil beschreibt einen persönlichen Charakter: individuelle Fähigkeiten und Schwächen.

Schülerfirma (S. 27)
Eine Schülerfirma ist eine Methode zur Simulation betrieblicher Prozesse. In einer Schülerfirma müssen z. B. die betrieblichen Grundfunktionen Beschaffung, Produktion und Absatz von den Schülerinnen und Schülern selbst gestaltet werden.

Soft Skills (S. 28)
Das sind in erster Linie soziale Kompetenzen, aber auch Kompetenzen wie Zeitmanagement oder Teamfähigkeit.

soziale Sicherung (S. 12)
„Soziale Sicherung" bedeutet, dem Einzelnen in Notlagen zu helfen und solchen Situationen außerdem durch langfristig angelegte Maßnahmen vorzubeugen.

Strukturwandel (S. 52)
So nennt man grundlegende Veränderungen in Wirtschaft und Gesellschaft. Den Strukturwandel kann man auf die Zusammensetzung der Produktion eines Landes beziehen, aber auch auf Regionen oder Wirtschaftsräume. Hierfür gibt es technologische, ökologische, ökonomische sowie soziale Ursachen.

Subvention (S. 72)
Subventionen sind Zuwendungen, z. B. Finanzhilfen oder Steuervergünstigungen, die der Staat bestimmten Unternehmen oder Wirtschaftssektoren ohne Gegenleistung gewähren kann. Mit Subventionen an Unternehmen soll ein wirtschaftliches Verhalten gefördert werden – z. B. die Einführung energiesparender Produktionsverfahren.

Szenario-Methode (S. 62)
Mit dieser Methode entwirft man detaillierte Zukunftsbilder, z. B. über den Arbeits- oder Finanzmarkt.

technologischer Wandel (S. 28)
Unter dem „technologischen Wandel" versteht man die Fortschritte des technischen und technologischen Wissens, die neben neuen Produktionsmethoden auch neue Verfahren zur Erzeugung von Produkten und neue Organisationsformen der Arbeit und der Produktion ermöglichen.

Vertrauensarbeitszeit (S. 59)
Darunter versteht man ein Arbeitszeitmodell, bei dem der einzelne Mitarbeiter selbst für die Einhaltung und aufgabengerechte Verteilung seiner Arbeitszeit verantwortlich ist.

Vorsorge (S. 14)
Die Vorsorge besteht aus Maßnahmen, mit denen einer möglichen Entwicklung oder Lage vorgebeugt wird, durch die beispielsweise eine finanzielle Notlage vermieden werden soll.

Wohlstandsindikatoren (S. 52)
Wohlstandsindikatoren sind ein Maß für den Wohlstand eines Landes oder Gebietes, dazu gehören beispielsweise das Bruttoinlandsprodukt und das Pro-Kopf-Einkommen.

Zeitarbeit (S. 58)
Überlassung von Arbeitnehmern durch ihren Arbeitgeber (Verleiher) zur Arbeitsleistung an Dritte (Entleiher).

Zukunftswerkstatt (S. 8)
Eine Zukunftswerkstatt ist eine Methode zur planvollen Gestaltung der Zukunft. Sie führt zu einem Ergebnis, das in die Wirklichkeit umgesetzt werden kann.

Stichwortverzeichnis

Abonnement 54
Abwrackprämie 71
Altersrente 13
Altersversicherung 12
Altersvorsorge 14 f.
Analyse 76
Angebot 64 f.
Anschreiben 40
App 54
Arbeiter 12
Arbeitsbeschaffungsmaßnahme (ABM) 65
Arbeitslosengeld 13
Arbeitslosigkeit 12 f.
Arbeitsmarkt 64 f.
Arbeitsvermittlung 13
Assessment-Center 44
Ausbildungslabyrinth 30
Auswahlinterview 44 f.
Auswahlverfahren 44 f.
Autoritätstyp 45

Berufsberatung 26 f., 38
Berufsberatungsgespräch 26 f.
Berufsfachschule 32
Berufsfeld 32 ff.
Berufsinformationszentrum (BiZ) 26, 30, 39
Berufsorientierung 38
Berufsunfähigkeit 12
Berufsunfähigkeitsversicherung 15
Berufswahl 26
Berufswahlfahrplan 38 f.
Berufswahlkompetenz 22 f.
Beschäftigungspolitik 68
Betrieb 12
Betriebspraktikum 38
Bewerbung 40 f.
Big Five 23
Bildungsweg 31
Bismarck, Otto von 12
Boy's-Day 27
Bruttoeinkommen 14
Bruttoinlandsprodukt (BIP) 52
Bürgerarbeit 17
Burnout 51

Charaktertyp 45

Demografie 64
demografischer Wandel 51
duale Ausbildung 30
duales System 31

E-Book-Reader 54
Ehrenamt 17, 41
Eigenverantwortung 14
Eignungstest 35
Einmalbetrag 14
Ein-Euro-Job 65, 68
Energiebedarf 53
Energiegewinnung 53
Energiewende 53
E-Paper 54
Erwerbsarbeit 16 f.
Existenzsicherung 14, 64

Fachkompetenz 34
Familie 16 f.
Familienarbeit 16 f.
Fantasiephase 9 f.
Feedback 24
fossil 53
Frauenquote 47
Freelancer 61
Freiwilligenarbeit 16
Freizügigkeit 51
Fremderkundung 24 f.

Generation 16 f.
Generationenvertrag 19
Geringqualifizierte 67
Gewerkschaft 66 f.
Girl's-Day 26 f.
Globalisierung 70
Großfamilie 12
Güter 64
Gütermarkt 64

Handwerkskammer 26
Handy 51
Hard Skills 28
Hartz IV 74
Hausarbeit 16 f.
Herstellungsprozess 50
Hinterbliebenenrente 13

Idol 38
Industrialisierung 12
Industrie- und Handelskammer (IHK) 26
Informationstechnologie 50
Inlandsnachfrage 67
Innovation 47, 50
Internethandel 54 f.
Investition 72
Invalidenversicherung 12

Karriereweg 41
Killerphrase 9
Kindergeld 13
Klimawandel 53
Knackpunkt 11
Kohlenstoffdioxid 53
Kommunikationstechnologie 50
Kompetenzcheck 34 f.
Konsument 64
Krankenversicherung 12 f.
Krankheit 12 f.
Kritikphase 8 f.
Kurzarbeitergeld 13, 73

Langzeitarbeitslose 67
Lebensbaum 7
Lebensgestaltung 6 ff.
Lebenslauf 40 f.
Lebensplanung 6 f.
Lebensstandard 14 f., 16
Lebensunterhalt 12
Lebensversicherung 15
Leiharbeiter 58
Leistungstest 34 f.
Lohndumping 67
Lohnersatz 14

Median 66
Mindestlohn 65 ff.
Mindmap 25, 38, 51, 55
Minijob 68 f.
Mittelwert 66
Mobilität 50
Motivation 40

Nachfrage 64 f.
nachhaltig 53
Niedriglohn 66 f.
Normalarbeitsverhältnis 68
Notlage 14

Ökologie 52
Online-Bewerbung 40 f.
Orientierungshilfe 6

Pension 13
Persönlichkeitsprofil 23 ff.
Pflege 12 f.
Pflegeversicherung 13
Praktikum 38
Printmedien 54
Pro-und-Kontra-Diskussion 20

Reha-Maßnahme 13
Rente 12 f.
Rentenversicherung 13
Riester-Rente 15
Risiko 15

Roboter 56
Rollenbild 16
Rollenspiel 27
Ruhrgebiet 52

Schülerfirma 27
Schwarzarbeit 65, 67
Sehhilfe 15
Selbsterkundung 24 f., 38
Sitzkreis 8 f.
Smartphone 50 f., 54
Soft Skills 28 f.
Solidargemeinschaft 12
Sozialhilfe 13
Sozialversicherung 12 f.
Sozialversicherungssystem 13
Statistik 66, 76
Steuervorteil 14
Strukturwandel 52 ff.
Studienwahl 26
Subvention 72
Szenario-Methode 62

Tablet 50, 54
Tageszeitung 54
Tarif 66
Teamplayer 45
Test 34, 44 f.
Todesfall 15
Tourismusbranche 57

Umschulung 13
Unfallversicherung 12 f.

Verantwortung 16 f.
Verbrauchsportal 55
Versicherung 12 f.
Vertrauensarbeitszeit 59
Vision 7
Vollzeitunterricht 32
Vorbild 38
Vorstellungsgespräch 40 f.

Wandzeitung 69
Webdesigner 61
Werbeeinnahmen 54
Wettbewerb 64
Wohlstandsindikator 52
Wohlstandsmessung 52
Workaholic 19

Zahnersatz 15
Zeitarbeit 58 f.
Zukunftswerkstatt 8
Zusatzrente 14

Bildquellenverzeichnis

Cover: iStockphoto; S. 5: picture-alliance (CTK/CandyBox); S. 6 li. o.: Shutterstock (rui vale sousa); S. 12 li. o.: AKG images; S. 12 re. o.: picture-alliance (maxppp); S. 17: A1PIX – YOUR PHOTO TODAY; S. 18: Shutterstock (lithian); S. 19: Shutterstock (Cartoonresource); S. 21: GlowImages (GammaB); S. 22: Terezia-Edit Petö, Berlin; S. 23: Shutterstock (ra2studio); S. 26 li. o.: picture-alliance (ZB); S. 26 li. u.: picture-alliance; S. 26 re. o.: picture-alliance (ZB); S. 26 re. u.: LAIF (Martin Brockhoff); S. 28: A1PIX – YOUR PHOTO TODAY; S. 29 re. o.: Shutterstock (Goodluz); S. 30: Shutterstock (Lienhard. Illustrator); S. 34: Shutterstock (lightpoet); S. 35 li. o.: Shutterstock (Lighthunter); S. 35 re. o.: Shutterstock (AVAVA); S. 40: Shutterstock (Horiyan); S. 44: picture-alliance (eb-stock); S. 46: Shutterstock (Kamenetskiy Konstantin); S. 47: picture-alliance; S. 49: Glow Images (ImageDBRF); S. 50: Shutterstock (Africa Studio); S. 51 li. o.: vario images (Juice Images); S. 51 li. u.: picture-alliance; S. 51 re. o.: picture-alliance; S. 51 re. u.: picture-alliance (dieKLEINERT.d); S. 56 li. o.: picture-alliance (Scanpix Bildh) ; S. 56 li. u.: picture-alliance (maxppp); S. 56 re. o.: picture-alliance (FOLTIN Jindri); S. 56 re. u.: picture-alliance (Frank May); S. 57 li. o.: picture-alliance; S. 57 re. o.: picture-alliance (beyond/Junos); S. 58: Thomas Plaßmann, Essen; S. 60 re. u.: Thomas Plaßmann, Essen; S. 63: picture-alliance; S. 65 re. o.: IMAGO; S. 65 li. o.: IMAGO; S. 67: picture-alliance (dpa-infografik); S. 69: picture-alliance (dpa-infografik); S. 71 li. o.: picture-alliance (dpa); S. 71 li. u.: picture-alliance (dpa) ; S. 71 re. o.: picture-alliance (dpa); S. 71 re. u.: picture-alliance (dpa); S. 72: Richter-Publizistik, Bonn; S. 75 u.: Thomas Plaßmann, Essen

Redaktion: Dr. Frank Erzner, Berlin
Grafik: Detlef Seidensticker, München
Umschlagkonzept: Mendell & Oberer, München
Umschlaggestaltung: X-Design, München
Layoutkonzept: grundmanngestaltung, Karlsruhe
Technische Umsetzung: fidus Publikations-Service GmbH, Nördlingen

www.oldenbourg-bsv.de

Nicht in allen Fällen war es uns möglich, die Rechteinhaber ausfindig zu machen.
Berechtigte Ansprüche werden selbstverständlich im Rahmen der üblichen Vereinbarungen abgegolten.
Wir bitten um Verständnis.

Die Links zu externen Webseiten Dritter, die in diesem Lehrwerk angegeben sind, wurden vor Drucklegung sorgfältig auf ihre Aktualität geprüft. Der Verlag übernimmt keine Gewähr für die Aktualität und den Inhalt dieser Seiten oder solcher, die mit ihnen verlinkt sind.

1. Auflage, 1. Druck 2014

Alle Drucke dieser Auflage sind inhaltlich unverändert
und können im Unterricht nebeneinander verwendet werden.

© 2014 Oldenbourg Schulbuchverlag GmbH, München

Das Werk und seine Teile sind urheberrechtlich geschützt.
Jede Nutzung in anderen als den gesetzlich zugelassenen Fällen bedarf
der vorherigen schriftlichen Einwilligung des Verlages.
Hinweis zu den §§ 46, 52a UrhG: Weder das Werk noch seine Teile dürfen ohne eine
solche Einwilligung eingescannt und in ein Netzwerk eingestellt oder sonst öffentlich
zugänglich gemacht werden.
Dies gilt auch für Intranets von Schulen und sonstigen Bildungseinrichtungen.

Druck: Stürtz GmbH, Würzburg

ISBN 978-3-637-01737-5

 Inhalt gedruckt auf säurefreiem Papier aus nachhaltiger Forstwirtschaft.